新文科背景下的
语言文化研究和
教育教学思考

夏甘霖 ◎ 主编
华 莉 肖 进 ◎ 副主编

上海社会科学院出版社
SHANGHAI ACADEMY OF SOCIAL SCIENCES PRESS

目录 | CONTENTS

语言文学研究

大江健三郎后期作品的互文性　　韩　静 / 3

法律女权主义的文学叙事表达
　　——以托妮·莫里森作品为例　　范湘萍 / 12

《了不起的盖茨比》中的时代背景与象征主义　　姚　刚 / 23

A Corpus-based Study of English Synonyms: "Speak", "Tell",
　　"Talk" and "Say"　　郭晨雨 / 30

语言安全研究

变体、话语与权力：社会语言学视域下的法律语言研究　　胡　川 / 51

新文科背景下法律英语发展的新要求　　吴本翔 / 58

一例大学生高自杀倾向成功干预的案例分析　　周占军 / 66

汉语学习词典中的中国形象建构
　　——以《商务馆学汉语词典》为例　　翁晓玲 / 75

翻译与文化研究

上合组织多语种翻译体系构建中的跨文化人才培养策略探究　　刘　亮 / 91

生态翻译学视角下的上海博物馆讲解词英译探析　　纪家举 / 100

The Extension of Meaning in Translation from a Cultural and
　　Stylistic Perspective　　李云玉 / 108

Culture Differences in the Cross-cultural Business Negotiation
　　　　温　莉 / 123

我国外语教育中跨文化交际能力培养问题与对策　　姚春雨 / 138

教育教学思辨

新文科背景下外语教育的人文本位　　沈　燕 / 149

信息化时代知识和学习的特点与网络英语教学　　黄红伟 / 157

英语专业《综合教程》语言难度研究　　洪令凯 / 165

立足新时代探索大学英语思政新路径　　陈　冲 / 175

新文科背景下应用型人才培养与短学期设置合理化探析

　　——从上海政法学院汉语国际教育专业说起　　李　翠 / 182

新文科背景下商务英语教学面临的问题与对策　　陈拥宪 / 193

高校外语课程思政的探索与实践

　　——以上海政法学院第二外语(日语)为例　　孙盛囡 / 201

数字信息化背景下高校教师职业发展途径探析　　张静文 / 209

对国外留学生教学中引入比较文学的几点设想

　　——以中国文学史课程教学为例　　杜慧敏 / 216

语言文学研究

大江健三郎后期作品的互文性

韩 静[*]

内容摘要：本文主要用互文性理论对大江的《愁容童子》等后期作品进行分析，总结出其后期作品的互文性特征。

关键词：互文性；大江健三郎；狂欢化；复调小说

引 言

以《愁容童子》为代表的大江后期作品，宛如一座座迷宫般复杂深奥。其原因之一是在作品中广泛使用了互文性手法。和早期存在主义相对应，其后期作品受到形式主义、结构主义、后结构主义的影响相对较大，大江自己也在《为了新文学》[①]和《小说的方法》[②]里频繁地提到形式主义等。在法国哲学从存在主义转变为结构主义的时期，专攻法国文学的大江深受其影响也是理所当然。但是到目前为止，无论是大江自己还是其他研究者都几乎没有具体涉及互文性这一方面。因此，本文拟以《愁容童子》为中心，讨论大江晚期作品的互文性特征。

---

[*] 作者简介：韩静，上海政法学院讲师，研究方向：日本文学。
[①] 大江健三郎：《为了新文学》，《岩波新书》1993 年 10 月。
[②] 大江健三郎：《小说的方法》，《岩波现代书选》1978 年 6 月。

一、和文学作品的互文性

(一) 和大江自己作品的互文性

1. 三部曲(《被偷换的孩子》《愁容童子》《再见,我的书》)

《被偷换的孩子》是大江在遭受伊丹十三之死打击之后,以吾良自杀为中心描写灵魂再生的作品。伊丹十三是大江夫人的哥哥,和大江在高中时代就很要好。两人对艺术都有崇高的热情,他们的友谊持续了半个世纪之久。伊丹十三在自杀之前,留下了30多盒磁带,这些磁带成为两人灵魂交流的桥梁。

在《被偷换的孩子》中出场的古义人,在第二部《愁容童子》中以忧愁的面容,发挥了他的蛮勇。结果,古义人在"苍老的日本之会"企划的游行当中,头部负了重伤。在接下去的第三部作品里面,国际建筑家椿繁,给古义人带来了袭击高层建筑的恐怖计划。和《愁容童子》一样,《再见,我的书》的有趣之处在于,小说家将写小说这件事当成小说来写。

2. 和以往作品的互文性

T·S. 艾略特认为一位诗人的个性不在于他的创新,也不在于他的模仿,而在于他把一切先前文学囊括在他的作品之中的能力,这样,过去与现在的话语同时共存。而大江健三郎作为一名作家也是如此。大江在写了《万延元年的足球队》之后,总是将以往的作品以某种形式包含于新的作品当中。他把自己的这种错综复杂的构造自称之为"杂草丛"。而《愁容童子》当中的"杂草丛"是最为典型的,这是一本写书的书,书中有书,环环相扣。第十一章第二部分中提到"古义人最近为年轻人编辑的本人作品阅读指南这本书的校样,此时也夹放在她的活页笔记本里。"这边说到"本人作品阅读指南",就是大江在写自己作品的介绍。

东京大学教授沼野充义在《朝日新闻》的书评中写道,大江的作品里就有相当的"自己言及"。他在过去的作品当中反复提到了自己出生地四国山谷,天生智障的大儿子以及他的家庭生活。《被偷换的孩子》也一样,主人公是住在大都市的古义人,他的妻子千,儿子明,不仅映射了他的家庭生活,而且其他登场人物也以现实人物为模特。但是他的小说,无论是《愁容童子》还是《被偷换的孩子》,都是小说,不是"告白"也非寻求"真相"。《再见,我的书》也和《愁容童子》一样,将小说家写小说这件事作为小说来写。他的后期作品很多都是"小说的小说",他长年的主题被"反复变奏"。

(二) 和他人作品的互文性

除了大家所熟知的神话传说,比如四国的故事传说之外,大江在本书中还引用了一些名家的作品,比如西方的《圣经》,叶芝以及《唐吉诃德》,《李尔王》,《洛丽塔》等经典。

另外,《愁容童子》最为突出的一个特点就是全文和《唐吉诃德》的呼应。古义人将自己想象成唐吉诃德,向周围的一切挑战。《唐吉诃德》本身就是"伪"骑士的故事。而古义人将自己比喻成"伪"骑士,来写这个童子的故事。第十三章第五部分"这不正是《唐吉诃德》下篇中公爵夫人的台词吗? 如果加上在夫人后面以捉弄唐吉诃德为乐事的公爵,那博科夫所说的'残酷与欺瞒'中的梗概就凑齐了。就连在一定程度上阅读了古义人这一点上,也与等候着唐吉诃德的那帮人没有二致。"①第二十一章第四部分,"玛尔特·罗贝尔曾说过,塞万提斯之所以草草收尾只是因为惧怕添加在他的正集后面的那些厚颜无耻的剽窃之作。古义人你也必须振作起来,把以《被偷换的孩子》开头的故事写完……"②

二、和社会、现实之间的互文性

罗婷在《论克里斯多娃的互文性》说,互文性是把文本放入历史和社会之中,这种历史和社会同样是文本性的。

---

① 大江健三郎:《愁容童子》,株式会社讲谈社 2001 年版,第 312 页。
② 同上,第 500 页。

(一) 和作者自身生活之间的互文性

不仅是"小说的结构",就是"小说家生活的结构"也是"杂草丛"。大江健三郎的小说无论是文体还是描述的世界都是独特的,出场人物也都是以实际生活中的人物为原型。《愁容童子》的主人公原型就是大江自己,而吾良的原型则是大江夫人的哥哥,国际著名的电影导演伊丹十三。两人在战败之后,是松山高中的同年级学生。对大江来说,伊丹十三一直是一个令人难以理解的行动者。伊丹十三将大江的小说《静静的生活》拍成电影之后,就自杀了,成为一个永恒的谜。大江在高中时代,就和伊丹十三交往密切。在某些事件上甚至可能是共犯。伊丹十三的自杀,对他来说无疑是个巨大的打击。表1为大江的家庭关系。

表1 大江的家庭关系

和大江的关系	具 体 描 述
妻子	大江由佳里(大江由佳里的父亲为电影导演伊丹万作)
妻兄,朋友	伊丹十三(自杀身亡)日本有名的演员,电影导演,主题一般为日常琐碎的东西。为了电影,他自己体验了各种生活经历。也由于电影的原因,他遭受了一些对他电影不满的人的攻击。他的脸部和颈部都受了伤。遭受攻击的伊丹向警察寻求保护,但不久之后就自杀了。
甥	池内万作(演员)
儿子	大江光(作曲家、智障患者)
大江健三郎除了大江光之外,还有一个儿子,一个女儿	

在《被偷换的孩子》里面,古义人一个人去柏林,在那儿,吾良生前的生活,比如遭遇攻击,比如性生活,都浮现出来。在《愁容童子》当中,古义人反复遭遇攻击,和伊丹遭遇的情况异常类似。但是伊丹自杀之谜至今仍不为人所知。

而《愁容童子》描写了诺贝尔奖得主古义人和儿子明、研究者罗兹一起回家乡。但是这次旅程并不轻松,古义人受到了恶意跟踪和意想不到的袭击。这一点从第三章第三部分可以看出来:"在黑野的姻亲中,也有一个获得了文化勋章的学者,黑野前往祝贺时曾拿在手里看过,那是一枚模仿柑橘形状的硕大奖章。

他说,假如把新式炸弹装置藏匿在那枚勋章的复制品中,你一定会把它用淡紫色的绶带挂在脖子上,然后再去出席天皇和皇后光临的庆贺晚宴吧。"①

(二) 和社会、历史之间的互文性

大江的作品对于政治的关心比比皆是。1999年出版的《空翻》是大江花了四年时间创作的长篇小说,宛如照出日本灵魂和精神状态的一面镜子。而促使大江写这篇小说的,是东京地铁毒气事件和日本奥姆真理教的诞生。大江作为一个有责任感的作家,立即通过文学表达自己的想法,探求产生了奥姆真理教的日本社会的现实。文学和政治并非对立的两面,作为一名作家,不能简单地将文学和政治割裂开来。如果一个作家对政治很关心,其作品的艺术价值也未必就不好。现在有很多作家都回避政治问题,然而大江在关心政治的同时,也注重艺术的美。他的作品充满了正义感和良知。大江眼中的日本,是一个给别人伤害,也承受着伤害的国家。

大江到韩国去演讲时说:"小泉首相参拜神社着实让韩国中国愤怒,日本必须真心谢罪。"大江这么一说,遭到了很多日本人的谩骂。但大江是一个有良知的人,除此之外他还非常关注核问题、宪法第九条、右翼势力军国主义等。《愁容童子》不仅仅是战后50年对日本社会的再检讨,也从边缘来追问将近200年的日本近代化的历史,是大江文学的集大成之作。《愁容童子》发表的第二年,大江和加藤周一,井上久一起成立了"九条会",猛烈反对日本政府以及右翼势力企图改变和平宪法。

三、狂 欢 化

和独白主义相对,巴赫金提出了复调小说的概念。复调小说的特征狂欢化是对正统和中心的挑战,很多声音一起发出。狂欢化的语言是没有目的的,从意

---

① 大江健三郎:《愁容童子》,株式会社讲谈社2001年版,第78页。

思和语法的限制当中脱离而出,无序组合。在狂欢化当中,所有人都是积极、平等的参与者。哲学的对话以及冒险的幻想、贵族、贫困者等一般不能融合的要素,在这个时候都不可思议地混合在一起。在结构上,经常使用"危机时刻",将故事置于紧张的状态里面。

《愁容童子》正如陀思妥耶夫斯基的复调小说那样,是一部多声部的、复调的小说。

(一) 反中心、反传统

1. 畸形

大江的作品里面经常出现和现实秩序相反的异常。在1985年出版的《新人啊,睁眼吧》里面出现了一个脑部异常的人。自那之后,在《人生的亲戚》《给少年的信》以及《燃烧的绿树》当中又都出现了这样的人物。当然,这也受了他智障儿子的影响。

2. 反中心

狂欢化的一个特征就是"反中心"。大江作品中常被关注的边缘性就带有反中心的特征。

表2 大江作品中的文化中心及边缘性

文 化 中 心	边　　缘	边　　缘
巴黎,伦敦,纽约	日本	
纽约	东京	四国
	冲绳	村

3. 反传统

大江接受诺贝尔奖,但却拒绝接受日本文化勋章,受到不少日本人的非议。大江说,他接受日本文化勋章,就好像寅次郎穿礼服那样。寅次郎是日本有名的电影幽默人物,大江这样说,表明了自己的庶民立场,表现了他的边缘意识和反传统意识。

4. 自杀

大江在《我们的时代》里面说,自杀也可以。在《愁容童子》里面也有很多关于自杀的描写。在第二十一章里面引用了但丁的话:"吾之灵魂为愤怒所驱,愿以一死摆脱毁谤,将以非妥之自杀,证明吾良之清白。"①这大概就是对吾良之死的解释吧。小说中的古义人认为,在母亲活着的时候不能自杀,如果什么时候觉得非得要自杀了,要跟母亲说明,自己曾杀过人。

(二) 人物的对话

1. 人物的关联

出场人物:自杀了的吾良、妻子千樫、智障儿明、研究古义人的30多岁的美国女性罗兹、在旅馆经营上想利用古义人的田部、作出不可思议举动的医师织田、想当小说家的黑野、嫉妒动和古义人关系的真木彦。

以罗兹为例来看,罗兹不是主角,但是却必不可少。罗兹和动,罗兹和长江,罗兹和真木彦,罗兹和织田医师,罗兹在这个故事里几乎与所有的出场人物发生关系并产生意义。对于古义人,她扮演了桑丘的角色;对于真木彦,她代表被诱拐了的洛丽塔;对于田部夫妇,她又代表一个被利用和受嘲弄的对象;对于阿欲,她被视为带有美国商业文化因素的摩登女郎。

2. 强调思想的人,自我意识

《愁容童子》当中描写了很多对立的思想。在这里,古义人代表民主主义作家,真木彦代表维护皇权和神权等封建文化的代表,田部夫妇代表狭隘民族主义势力和浅薄暴发户的象征,阿欲代表具有童子特征的日本少年。在《愁容童子》

---

① 大江健三郎:《愁容童子》,株式会社讲谈社2001年版,第498页。

里,一个人往往不是单纯的人,而是一种思想的载体。在这里,故事情节得到了淡化,思想和自我意识得到了强调。

3. 生死对话

在《愁容童子》中身负重伤的古义人,相对于生者而言,对于死者更有亲切感。古义人和死去的吾良进行对话。友人虽死,和他的交流依然在进行。事实上这是一种灵魂的对话。在第十二章第三部分"暴动一旦取得成功","童子"就回到了森林,来到俺之魂栖身的那棵树的树根下,与他永远持续着他们之间的谈话……

4. 梦和现实的对话

第二十一章第三部分提到,"长期以来,你一直在怀疑是否是你们俩杀害了皮特。这就构成了你的本源性的罪恶感。而且你还在疑惑,不能确定现实中是否曾发生杀人之事。古义人先生,这就使得你写出的那事充满了暧昧,而不是从事了四十年写作的作家因功力不足而发呆犯愣。"[①]古义人活在梦和现实的中间,甚至分不清哪个是梦境,哪个是现实。

(三) 共时性

这部作品介于虚构小说和非虚构小说之间。在作品中用纵向和横向来进行说明桃太郎,而大江的这部小说也是这样来写的。在大江的笔下,过去的回想和现在的描述频繁地切换,文章的平面化特征明显。

在第九章第三部分,古义人遭遇了攻击,这时,他脱口而出的是:"老大,放开我吧。"这时,他回想起来的,是很多年前的一幕。战后三四年,古义人和母亲卖纸时候的情景。古义人等着母亲从楼梯上回来的时候,一群醉酒的男人从楼梯上下来,一起来哄抢古义人的纸。古义人惊惶失措,当时他说的一句话就是"老大,放开我吧。"在这里记忆中的往事和现实有两个连接点。一个就是这同样的

---

① 大江健三郎:《愁容童子》,株式会社讲谈社 2001 年版,第 495 页。

一句话:"老大,放开我吧。"语法和语调都很奇怪的一句话,却从古义人嘴里不经意地说出了两次。另一个是当时的错乱,或者是恐慌状态。古义人忘记了最后纸到底有没卖掉,却仅仅记得当时的场面。那个极度混乱的场面深深地留在了他的印象里。这时,古义人趴在纸堆上,拼命地抵抗那些从四面八方伸来的手。在这里,记忆中的事件和现实相重合,语言也不变,恐慌状态也一样。古义人将故去和现在的一切都放在了"现在"这个平面上。古义人通过对过去的回顾,从而带来对新的未来的希望。但是,古义人的字典里面,"过去"和"未来"等单词全部都融合到了"现在"里面来了。

四、结　语

以《愁容童子》为中心,大江的后期作品多用互文性理论。在后期作品中经常能看到和外来文本的结合。《愁容童子》是一部狂欢化的复调小说,它突出表现自我意识和代表着思想的人,文本的共时性是其特征。大江的后期作品重视文学理论和技巧,从边缘的角度反复诉说自己的主题,唤起人们心中的记忆,给读者展现了一个狂欢化的复调的世界。

法律女权主义的文学叙事表达

——以托妮·莫里森作品为例[①]

范湘萍[*]

内容摘要：法律女权主义批评作为"法律与文学运动"中的重要分支，随着近几年文学跨学科研究的方兴未艾，逐渐成为文学学术研究的热点。本文通过对美国第一位获得诺贝尔文学奖的黑人女作家托妮·莫里森的作品文本进行细读，探讨小说文本中语言叙事的独特文学表达，来揭示法律女权主义的现当代小说中的社会政治意义。

关键词：法律女权主义批评；"不可靠叙述"；叙事策略

女权主义文学和法律与文学运动一样，都不是一个新兴的研究领域。随着近几年文学跨学科研究的方兴未艾，女权主义文学批判研究逐渐成为文学学术研究中最具有活跃度的领域。它不仅通过探讨文学中涉及法律方面的相关研究揭示文学作品中深刻的政治内涵，更具有广阔人文教化的社会意义。

女权主义文学评论主要有两大领域：一个是所谓的"英美视角"强调文学的社会政治性质；另一个是"法国视角"，着重研究女性书写。正如玛丽·伊格尔顿（Mary Eagleton）所总结的：女权主义英美学者聚焦的是女性的社会政治地位，而女权主义法国学者则将女性作为一种特殊的写作形式。前者主要描述了公共

---

[*] 作者简介：范湘萍，上海政法学院语言文化学院副教授，研究方向：英美现当代小说、法律与文学。
[①] 本文是上海政法学院校级科研项目"文学视域下的法律：英美'法律小说'研究"的成果。

领域和宪法法院中的女性角色。① 从某种程度而言,这一研究方向就和法律与文学研究的部分内容相重合。在法律与文学的研究中,其中一个角度侧重对文学语言属性和语言使用的研究。本文将以美国第一位获得诺贝尔文学奖的黑人女作家托妮·莫里森的作品为研究对象,通过分析小说文本中语言叙事的独特文学表达,来揭示法律女权主义在现当代小说中的社会政治意义。

一、女性身份的隐蔽和显现: 双声部复调叙述

《家》是托妮·莫里森 2012 年推出的第十部小说,由克瑙夫公司出版。小说再次书写莫里森关于记忆、爱和失落、失根和家园的主题,讲述从朝鲜战争中退伍的黑人大兵费兰克·莫尼为解救奄奄一息的妹妹从西北部的西雅图跋山涉水回到南方佐治亚州的故事。在这又一个寻找精神家园的故事中,莫里森似乎不再眷念一直以来的多角度叙述,而是以第一人称和第三人称交替叙述的叙事技巧,采用内聚焦和零聚焦二声部复调叙事。零聚焦叙事承袭了传统无所不知的视角类型,内聚焦叙事却突破了传统的藩篱,第一人称内聚焦"我"不断挑战和质疑第三人称的"全知全能"。作品中有两个声音在同时叙述,相互对抗又相互补充,作为"我"的弗兰克总是试图辖制作者"你","我"总是不断地疏离和消解"你"的叙事。叙事聚焦也称为叙事视角,指的是"叙述者或人物与叙事文中的事件相对应的位置或状态,或者说叙述者或人物从什么角度观察故事"。② 法国叙事学家热奈特认为,小说的叙事视角可以分为非聚焦型、内聚焦型和外聚焦型。"非聚焦"通常又称"零聚焦"——"叙述者可以从任何角度从任何时空来叙事,既可以居高临下地俯看全貌,也可以看到在其他地方同时发生的一切,既可以对人物的过去、现在和未来了如指掌,也可以自由地进入人物的内心,透视人物的意识或潜意识"。③ 内聚焦是从作品某一人物的角度描写其所见所闻,叙述者好像是

---

① M. Eagleton, ed., *Feminist Literary Criticism*, London: Longman, 1991: 1-21.
② 胡亚敏:《叙事学》,华中师范大学出版社 2004 年版,第 16 页。
③ [法]热奈特:《叙事话语》,王文融译,中国社会科学出版社 1990 年版,第 201—202 页。

寄居在此人物之中,借着他的意识与感官在视、听、感、想,所知道的和人物一样多。小说是以内聚焦开始讲述了"我"和妹妹亲眼目睹几个白人掩埋一具黑人死尸的恐怖场面。还是孩子的费兰克和妹妹偷偷溜进佐治亚州洛特斯郊外的一个农场,先看到几匹马威风凛凛地站在草丛中,令人惊叹。可接下来,就是掩埋死尸的惊悚画面。第二章以第三人称的零聚焦开始全知全能式的叙述,带领读者了解过去、预知未来,让读者深切体会费兰克饱受战争、悲惨童年和种族歧视的多重创伤后的身心折磨。之后内聚焦和零聚焦间隔着出现,通过第三人称的叙述展开故事的情节脉络,使读者了解过去、把握当下、预知未来,同时第一人称的叙述又能帮助读者进入主人公费兰克的内心世界一探究竟。然而,莫里森在叙事形式上从来都不循规蹈矩,而是别具一格地在第一人称"我"的内聚焦叙述中加入两种聚焦叙事的精彩对话:第一人称"我"好像从一开始就知道第三人称"你"在写"我","我"还知道"你"在写什么,"我"甚至知道"你"写的对不对。在这场对话中,费兰克也就是"我"可以不时转向作者的替身"你",时而干预,时而质疑,时而插话纠正。比如第一章"我"就对"你"说:

既然你打算讲述我的故事,无论你怎么想,怎么写,记住这点:我确确实实忘记了埋人那事。我记得的只有马。它们是那么美。那么残酷。它们像人一样站立。①

小说开篇"我"就告诫、警醒"你",写"我"时不要随心所欲,要懂得"我"的感受;同时也隐含着对读者的提醒,"你"所写的"我"不一定是真实的"我",从而产生了疏离。随着小说的推进,"我"的介入越来越扰乱作者的叙述,似乎是有意揭示作者的错误。第二章有这样一幕:在埃尔科火车站一名黑人下车到食杂店想买杯咖啡,却被白人店主和客人一起踢了出来并遭到毒打。那个黑人的妻子赶来帮助丈夫,也被这群白人用石头砸中了脸,鲜血汩汩地流出。这对黑人夫妇回到车厢,妻子不断地抽泣,而丈夫"沉默地坐在她身边,强压着怒火看向别处——他的脸被赤裸裸的羞耻和随之而来的僵硬的愤怒占据了。"②接着第三人称"你"

---

① 托妮·莫里森:《家》,刘昱含译,南海出版公司2014年版,第22页。
② 同上。

叙述说弗兰克得知这件事后想,"等他们到家,他会揍她一顿。谁不会呢?被当众侮辱是一回事,一个男人可以忘掉这种事。让人无法忍受的是,有一个女人,他的妻子,全程目睹,她不仅把一切看在眼里,竟然还敢试着救他——救他!他保护不了自己,也保护不了她,那块砸在她脸上的石头证明了这点。她要为她流血的鼻子付出代价。别以为一次就能完事。"①但在第五章以第一人称"我"进行叙述时,"我"对"你"先前妄自下的论断进行了反驳,

　　你之前写道,我确信那个在乘火车去芝加哥途中无端被揍的男人到家后一定会翻脸,会拿鞭子抽打妄图救他的老婆。那不是真的。我当时丝毫没那么想。我想的是,他为她感到骄傲,但他不想告诉火车上的其他男人他有多骄傲。我觉得,你不太了解爱这种东西。你也不太了解我。②

　　"我"对"你"的论断公然批驳印证了第一章中"我"所提醒读者的话,"你"所写的"我"不一定是真实的"我"。两种截然相反的论断勾勒出三重关系:作者、作者笔下的人物和人物真实的内心世界。实际上,这三者都在作者的掌控之中,三者之间的"疏离"体现了作者对自我的怀疑。这种叙事手法一方面颠覆了传统的全知型叙事,在无所不知、大包大揽的叙事中插入了故事的主要人物,制造了叙事的疏离;另一方面建立了一个开放的文本,让读者也无形地参与进来,不断保持警觉和积极的阅读心态,这是修辞性叙事学所强调的叙事和阅读、接受的特征,也渗透了若干元小说的元素。传统小说为获取"真实可信"的效果,采取隐瞒叙事者和叙事行为的手法,造成"故事自己在进行"的幻觉,而元小说则有意暴露叙事者的身份,进行"自我反驳"。对于一些现代作家来说,元小说是作家对抗传统现实主义成规,消解"真实"理想及其统辖下的一切制约的有效方式,是对"全知型"叙事的挑战。作者赋予笔下人物以内心世界,与笔下人物真正的内心世界往往并不一致,人物一经创作,就会脱离母体,呈现出他自己应该有的样子,不以作者的意志为转移。这种对"权威叙事"的颠覆弱化了故事本身也消解了叙事的动能,真正解构了传统小说的叙事方式,也对传统的阅读方式提出挑战。

---

① 托妮·莫里森:《家》,刘昱含译,南海出版公司2014年版,第24页。
② 同上。

《家》的二声部叙事结构打破了传统现实主义小说的线性叙述,过去与现在被相互穿插交织在一起,同一件事由两个声部分若干片段进行讲述。第一人称费兰克的叙述没有始于故事的开端,也没有选择倒叙,是从童年的某一个中间点开始;第三人称叙述从费兰克从疯人院逃出踏上寻找妹妹的旅途开始,中间穿插着倒叙,叙述时而向前,时而向后。《家》的时间分为现在、过去和过去的过去,"现在"是故事的主线,讲述费兰克在营救妹妹茜的旅途中所经历的种种遭遇,以及救出妹妹后兄妹两人身体和精神的修复和救赎;"过去"是指费兰克去朝鲜战场以及从战场回到美国后的一段生活;"过去的过去"则是描绘了费兰克和妹妹的童年到费兰克去参军的这段生活。三个时间轴交织扭结在一起,故事主线沿着第三人称的叙述展开了多条分支,叙述在不同场景之间跳来跳去。比如,第二章费兰克离开精神病院的途中回忆起 20 年前 15 户人家被迫在 24 小时内从小镇狭小的居住地撤离的场景。小说有 8 个章节在持续着故事的主线,其间夹杂着很多回忆,其余 9 个章节都是进行关于过去和过去的过去的叙述。故事的叙事是通过第一人称"我"和第三人称"你"的"泛中心"讲述多次进行的。在这些讲述中,"你"和"我"虽然讲的是同一个事件,但都不是完整的故事,而是从不同的层面为每个事件不断积累不同质的信息,到故事尾声所有的信息叠加在一起构成完整的事件。

小说的叙事结构除了非线性这一特征,还呈现出"场景循环"的特点,使错综复杂的情节主线在迂回曲折后又回归"家"和"心灵救赎"的主题。小说中叙事结构的对照循环体现在从"房子"到"家"的意象循环。在书的扉页写有这样一段诗歌:

这是谁的房子?
谁的夜晚没有一丝光亮?
你说,谁拥有这栋房子?
它不是我的。
我向往另一栋甜美明亮的,
看得见彩色的小船划过湖面,
广阔的田野向我张开双臂。

而这栋多么陌生。

暗影幢幢。

说啊,告诉我,为何我的钥匙能打开这把锁?[1]

这首诗无疑包含了一个重要意象"房子",但小说伊始读者只会就"房子"本身加以质询,如这是谁的房子?房子为什么这么幽暗?为什么诗歌中的"我"否认这房子属于他?梦想中的"房子"会在哪里?在小说最后第17章,莫里森同样使用诗歌这一形式来呼应:

我在那里站了很久,看着那棵树。

它看起来那么茁壮,

那么美。

被从中间劈开,却生机勃勃。

茜碰了碰我的肩,

轻轻地。

费兰克?

怎么了?

走吧,哥哥。我们回家。[2]

最后一句"我们回家"可以说回答了上述的种种问题,也实现了对"房子"这一意象的解读。"房子"是"家"的象征,是饱尝人世艰辛的男女主人公心灵的归属地。从小说开始主人公从这"没有光的""房子"中的逃离,到小说最后主动归家的行为,"房子"没有变,是主人公自己的内心发生了变化,"房子"从一个没有希望、没有温暖、令人恐惧的地方变成了安顿心灵,给人希望的场所。另一个意象那曾经受伤却仍然生机勃勃的大树象征着在现实世界中已经伤痕累累的主人公,同时也象征了美国黑人不屈的精神和灵魂,他们历经沧桑在北美这块土地上忍受屈辱,苦苦为自己寻找一块属于自己的栖息之地。在《家》的结尾,费兰克和

---

[1] 托妮·莫里森:《家》,刘昱含译,南海出版公司2014年版,第6页。

[2] 同上,第155页。

茜回到了家乡,在社区群体的帮助下,在坚强、自立、勇于面对过去的痛苦中找到了心目中的"家"。

二、从"不可靠叙述"看男性社会的伦理观

"不可靠叙述"是新亚里士多德芝加哥学派第二代代表人物 W.C. 布斯提出的一个重要的叙事命题。布斯开创性地提出两大类型的"不可靠叙述":事实层面上的不可靠性和价值判断层面上的不可靠性。布思聚焦于叙述者与隐含作者之间的互动关系,提出:"当叙述者的言行与作品的规约(norms,即隐含作者的规约)保持一致时,叙述者就是可靠的,否则就是不可靠的。"[①]所谓"隐含作者的规约"指的是作品中事件、人物、技巧、文体等各种成分融合在一起所共同形成的文本伦理观、价值观的集合。芝加哥派第三代领军人物詹姆斯·费伦把这两大类型不可靠叙述发展为三大类型,或称之为三大交际轴线上的"不可靠叙述",并提出了六种不可靠叙述的亚类型:事实轴/事件轴上的错误报道或不充分报道;理解轴/感知轴上的错误解读、阐释或不充分解读、阐释;价值轴/判断轴上的错误判断或不充分判断。费伦对这三个轴的明确界定和区分引导、促进了批评家对不可靠叙述进行更为系统全面的探讨。虽然很多论述不可靠叙述的理论家和批评家聚焦于此,却始终无法就不可靠叙述的动态性达成一致的观点。究其深层次的原因,费伦指出:"只用一个文本来表达叙述者的报道、阐释、评价同隐含作者之间的距离,并非易事……"更因为批评家们没有对叙述史上数不胜数的多样化人物叙述的不可靠性,给予足够的重视。针对这一论题,从描写性诗学(descriptive poetics)视角出发,费伦引入了疏远型不可靠性和契约型不可靠性两个概念。"疏远型"和"契约型"不可靠性的提出基于叙述者与作者的读者之间的关系所产生的影响。当叙述者的报道、阐释或判断与作者的读者对这些因素的推断之间产生了差异,就会导致这两方在交际过程中远离对方——即疏远对方,这就是"疏远型"不可靠性。对于作者的读者而言,站在叙述者的视角就意味

[①] Wayne. C. Booth. *The Rhetoric of Fiction*, Chicago: Chicago University Press, 1961: 158-159.

着远离隐含作者的视角,意味着隐含作者与读者之间关系的缺失。所谓"契约型"不可靠性,是指叙述者的报道、阐释或判断与作者的读者对这些因素的推断之间的差异,产生了一种悖论式的效果,即这些差异会减少叙述者与隐含作者之间在阐释、感情或伦理上的距离。对作者的读者来说,虽然发现了叙述者的不可靠性,但这一不可靠性包含了隐含作者——因此,也是作者的读者——所认同的交际信息。结果,在这三方之间形成了一种秘密的契约关系:无论在情感上,还是在伦理上,叙述者、隐含作者和作者的读者都无限地走近彼此。《家》中就包含着这样一段"不可靠叙述",它是关于费兰克在朝鲜战场上杀死一个朝鲜小女孩的叙述,我们可以通过这段不可靠叙述的解读来判断这件事件的伦理内涵。

费兰克从朝鲜战场回到美国,千里迢迢去营救危在旦夕的妹妹茜。后来才得知是因为白人医生在妹妹身上做医学实验过度,导致她生命垂危,且茜"以后都不可能怀孕了"[①]。病重的茜就像费兰克在朝鲜战场上见到的朝鲜幼女手中"发霉的橙子"[②],费兰克不敢相信医生竟然会对这样一位柔弱的年轻姑娘下此毒手,先前一直受战后创伤困扰而表现麻木的他突然感到"心脏在胸腔里狂跳"[③]。或许不仅是因为同情妹妹的遭遇,还因为妹妹的悲剧让他联想到自己曾经也是像那个凶残的白人医生一样的人。关于枪杀朝鲜幼女这件事,小说中出现了两次叙述,叙述者都是代表费兰克的第一人称"我"讲述的,第一次是在第9章,第二次是在第14章,在看到被白人医生摧残的快没命的茜之后。在第一次叙述中,"我"说那个女孩的"每一次造访都让我心情愉快,这就像看母鸟哺喂幼鸟,或是母鸡扒拉它确定下面埋有虫子的泥土";"她是左撇子,和我一样。"从这种描述中,读者得知弗兰克是喜欢这个朝鲜小女孩的,有点把她看成和自己好长时间没见的妹妹茜。然后就是残忍的杀戮场景的描写,弗兰克使用了"他",给读者的第一感觉是弗兰克是这一残杀事件的目击者:"她笑着向他胯间伸出手去,她碰到了。那让他大吃一惊。呀姆,呀姆?我的视线从她的手移到她的脸上,看见她少了两颗牙,黑色的刘海覆盖在好奇的眼睛上,就在这时,他一枪打飞了她。只有那只手还留在垃圾堆里,紧紧抓着它的宝贝,那个脏兮兮的、烂掉的

[①] 托妮·莫里森:《家》,刘昱含译,南海出版公司2014年版,第132页。
[②] 同上,第196页。
[③] 同上,第136页。

橙子。"①"现在回想起来,我认为那个士兵感觉到的不仅仅是恶心。我认为他感受到了诱惑,那才是他真正想杀死的东西。"②弗兰克以第一人称的叙述让读者深信不疑,直到第14章弗兰克自己"说出全部事实"③,承认不是别人而是他枪杀了那个朝鲜小女孩:

> 打爆那个朝鲜女孩脑袋的是我。
> 被她摸到的人是我。
> 看到她微笑的人是我。
> 她说"呀姆呀姆"时是对着我。
> 那个被她挑起欲念的人也是我。
> 她只是一个孩子。一个很小的小女孩。
> 我没有思考。我不需要。
> 她还是死了的好。④

他的坦白带给读者无尽的震惊。在弗兰克坦白罪行之前,小说中描写过他回到美国后两次与其他小女孩接触时的过激反应:第一次弗兰克见到救护车里的小女孩流着鼻血,他感到非常难过且数日借酒解忧;第二次是在聚会上,一个小女孩感谢弗兰克帮她拿蛋糕而对他会心一笑,但弗兰克却突然扔掉手中食物,从人群中逃离。在读者还没有察觉到弗兰克叙事的不可靠性时,读者把弗兰克在战后的异常举动解读为是残酷的战争、战友的阵亡在他心灵留下的创伤印记,对他不免产生同情;但在弗兰克坦白后,读者与小说人物弗兰克彻底地站在两个对立面,他们的伦理阐释和价值规范的界定可谓针锋相对,造成了读者和弗兰克的疏远,构成"疏远型不可靠叙述"。在同小说人物弗兰克在价值规范上不断疏离的同时,读者会对弗兰克到底是施暴者还是受害者这一问题做出如下的伦理判断:第一,对弗兰克"先性侵后枪杀小女孩"行为本身的性质,读者极可能做出

---

① 托妮·莫里森:《家》,刘昱含译,南海出版公司2014年版,第96页。
② 同上,第96页。
③ 同上,第139页。
④ 同上,第139—140页。

消极的阐释判断,即弗兰克的行为是犯罪的,是变态的。第二,对弗兰克枪杀小女孩的理由的阐释判断涉及弗兰克的处境,即女孩的存在是他罪行的证据,所以他必须杀死她,以此免于面对卑劣的自己。到此为止,伦理的消极判断都使读者一直保持着和弗兰克的疏离。但莫里森试图将读者引向一个特殊的伦理取位,而非一个简单消极的阐释和伦理判断,因为弗兰克是"被逼到一个人类忍耐的极限,在这样的绝境中才做出不寻常的反应。"[1]因此读者应该将伦理判断的指向转向战争,转向弗兰克所处的"极限"。首先,是战争的残暴让弗兰克失去理智,弗兰克一时冲动才性侵犯并枪杀了小女孩。弗兰克说"我没有考虑。没必要考虑。"[2],因为战场上"命令很清楚——保持警觉,掩护战友,杀人——无须多想。"[3]在这样的极端情景下,弗兰克对自己的生命以及其他任何事情都完全没有掌控的能力,只有小女孩是他在这个不可控的暴力世界中唯一能掌控的。其次,弗兰克回忆说"最难熬的就是独自守岗"[4]。作者暗示读者,弗兰克的行为是出于完全不理性、不可控的生理冲动,即摆脱可怕的寂寞孤独感,极度渴望发泄情绪,期盼能与人亲密接触。深入的伦理判断会导致读者从疏离的价值取位向暗自理解、接受的价值取位转移,不可靠叙述就在这个转移的过程中从"疏远型"向"契约型"转变。

三、结　语

托妮·莫里森的小说《家》运用丰富的现代叙事策略探讨了女性在传统男权社会中的觉醒和反抗。首先,小说中男性人物的"不可靠叙述"击碎了伟岸、正直、权威的传统男性形象。"枪杀""暴力""战争""死亡"让读者反思以男权主义为价值中心的男权社会固有制度下既有的法律和规制的偏见和缺失。其次,小说文本中的双声部复调叙述象征性地彰显了女性在现代社会、法制范围、社会伦

---

[1] Phelan, James. "Sethe's Choice: Beloved and the Ethics of Reading". *Style*, Summer 98, Vol. 32 Issue 2: 320.
[2] 托妮·莫里森:《家》,刘昱含译,南海出版公司2014年版,第133页。
[3] 同上,第93页。
[4] 同上,第94页。

理构架中的真实处境:一直被遮蔽,但仍努力抗争着。女权主义的成果不仅反映在女性在校园里、职场上的成功,更应该在法律法规的制定和实施上体现男女平等的原则,凸显保护女性的社会关切。

《了不起的盖茨比》中的时代背景与象征主义

姚 刚[*]

内容摘要：本文首先介绍了《了不起的盖茨比》的作者菲兹杰拉德的生平和作品创作的20世纪20年代的时代背景，然后从人物的象征意义、颜色的象征意义以及与时间相关的象征三个方面对《了不起的盖茨比》当中使用的象征手法做了分析。从而得出书中源于故事情节和场面的种种象征因其戏剧讽刺效果服务于作品内容并与作品内容融为一体而变得更有力度，有助于深刻揭示以"美国梦"为代表的美国价值观的失落的结论。

关键词：《了不起的盖茨比》；象征主义；美国梦

一、关于作者

美国小说家弗·斯科特·菲兹杰拉德1896年9月24日出生于明尼苏达州圣保罗市。他的父亲爱德华·菲兹杰拉德是位不太成功的商人。其母则是出身于富裕的麦奎林家族。从他母亲的家族来说，菲兹杰拉德说得上是出身于上中产阶级。1925年《了不起的盖茨比》问世，奠定了他在现代美国文学史上的地

---

[*] 作者简介：姚刚，上海政法学院语言文化学院，研究方向：英美文学。

位,他成了20世纪20年代"爵士时代"的发言人和"迷惘的一代"的代表作家之一。菲兹杰拉德成名后笔耕不辍,怎料他的妻子穷奢极欲,后来又精神失常,给他带来极大痛苦。他经济上入不敷出,一度去好莱坞写剧本挣钱维持生计。1936年不幸染上肺病,妻子又一病不起,使他几乎无法创作,精神濒于崩溃,终日酗酒。1940年12月21日突发心脏病,年仅44岁的菲兹杰拉德英年早逝。[1]《了不起的盖茨比》当中的许多情节源自菲兹杰拉德早期的亲身经历。跟菲兹杰拉德一样,同样毕业于藤校的尼克·卡罗威是一个有思想的年轻人。同样与菲兹杰拉德经历相似的还有小说的主人公盖茨比,一个极端崇拜财富与奢侈生活的年轻人。盖茨比参军期间驻扎在南方某地,在那里他爱上了一位年轻貌美的女子。而这一经历简直与菲兹杰拉德的经历如出一辙。成名之后的菲兹杰拉德过着一种狂乱而不计后果的生活,整日沉迷于聚会,酗酒无度,自甘堕落。为了维持奢靡无度的生活,他不断地写作以谋取金钱取悦妻子塞尔达。同样地,年轻的盖茨比也积累了与其年龄不相匹配的大量财富。为攫取财富他不择手段,为赢回黛西的爱他不断地烧钱举办一场又一场的聚会。随着喧嚣的20世纪20年代的瓦解,美国进入了大萧条的30年代,塞尔达的精神崩溃了,酗酒不仅掏空了菲兹杰拉德的身体,也掏空了他的写作才华。

二、时 代 背 景

20世纪早期的美国在经历"一战"后社会经济得到了突飞猛进的大发展。然而繁荣的表象之下难掩种种尖锐的社会矛盾。对于菲兹杰拉德和他那一代的作家来说,第一次世界大战的冲击是极为巨大的。在这样一场西方文明互相残杀的战争中,近乎一代的年轻人不仅失去了生命,也失去了信仰。美国传统道德观的口号——被揭穿——在十字军浸血的粪堆中——被说成是口头姿态,它勉强掩饰着自私,虚伪和道德真空的最为恶劣的一面。战后时期的作家们,要么变得比以往任何时候都更为仔细地审视美国的现实(而不是没完没了地重复感伤

---

[1] Bruccoli, Matthew J. *F. Scott Fitzgerald: A Descriptive Bibliography*. Pittsburgh: University of Pittsburgh Press, 1972. Supplement. University of Pittsburgh Press, 1980. Primary.

的效忠美国的言论),要么变得比以往任何时候都更为干脆地全盘否定美国。追溯历史,美国南北内战之后,国家实现了统一。统一的国家有利于经济的发展。北方在南方找到了自由劳动力(被解放的黑人奴隶),原料(以棉花为主)来源地和商品倾销市场。这为资本主义工商业的发展创造了良机。经济的发展需要源源不断的劳动力,尤其是年轻的劳动力。美国政府从而放宽了移民政策,鼓励大量的海外移民来到美国,同时城市的建立与发展也吸引了大量的本国乡村人口移居城市。内战结束后到1900年,美国的人口翻了一番还要多(从3 100万人到7 600万人)。然而,这一时期涌向美国的移民以东、南欧的移民为主,这些移民并不像以前来自西、北欧的移民那样掌握知识与技术,加之生产力的发展、科学技术的进步使得机器大工业削减了对劳动力的相对需求,从而使工人的境遇恶化了。促进经济发展和人口流动的另一个重要因素是交通运输条件的空前发展。在内战前,美国的贸易格局大致是货流顺着密西西比河由北向南、沿着伊利运河和五大湖由东向西而进。但是20世纪80年代全国铁路网的建成完全打破了这个单向格局。货物已能够向任何方向运输,支配货流的已不是地区需要,而是经济利益了。① 到1888年的时候,美国一国的铁路里程已经超过了整个欧洲的国家铁路里程的总和。铁路不仅增加了运输量,提高了运输速度;还改变了人们的思维方式和对生活的看法。铁路改变了人们的时空观念,时间和空间相对缩小了,生活的节奏随之变快。铁路使长途旅行前所未有地便捷起来,使人们离开旧有的环境,来到一个新的环境变得易如反掌,只需要买一张火车票即能实现。铁路的建设促进了西部的开发,使西部的资源远远不断地运到东部;②铁路的建设也促进了城市化的发展,政府所慷慨授予铁路公司的铁路周边大片的土地得到开发,城镇如雨后春笋般沿着铁路生长开来,然而城市管理与生活配套设施远没有跟得上城市建设的步伐,贫民窟大量出现在城市当中,随之而来的治安、环境和卫生等问题日益突出。生长于以农业为主的中西部的尼克为了从事金融业来到了东北部人口密集的纽约。随着资本主义经济的高速发展和物质财富的迅速积累,社会结构和人们的价值观念不知不觉中也发生了变化。消费主

---

① 刘旭贻、杨生茂:《美国通史》(第2卷),人民出版社2002年版,第92页。
② 但是到了19世纪末20世纪初的时候美国的边疆基本已经定型,"西进运动"社会"解压阀"的功能大打折扣。

义正成为社会时尚，攀比、奢靡之风盛行；随着美国由自由竞争资本主义过渡到垄断资本主义，束缚人们思维和行为的传统伦理道德枷锁被打破了，人们不再刻意掩盖自己的欲望，不再因循守旧地遵循新教所提倡的依靠勤劳、节俭来致富的方式，为了获得财富，人们不择手段，甚至不顾廉耻。资本主义工商业的发展使财富获取手段不再局限于传统的农业，人们社会经济地位的变化使根植于农业经济的传统伦理道德观念遭受了严重的挑战，新教伦理在物欲横流的工业社会已不再那么不可撼动。传统的伦理道德观念日渐式微，而新的道德规范尚未完全建立。《了不起的盖茨比》的故事正是在这样的时代背景下发生的。

三、人物的象征意义

《了不起的盖茨比》的中心冲突是盖茨比的单纯的美国梦与肮脏的现实之间的冲突。荒诞与悲剧的结合，潜在的力量与潜能的滥用及力量的挥霍之结合，是菲兹杰拉德作品的一个基本主题。象20世纪20年代的其他作家一样，菲兹杰拉德也沉醉于"美国梦"的景象。这个梦毕竟是文明社会最光辉的幻象之一——憧憬着一个新的世界，憧憬着无限的机遇，憧憬着一个潜在的，完美的令人难以想象的伊甸园。然而这个"梦"本身的某个环节已经受损，虽然没被彻底摧毁，但是也已经贬值；它成了一种永动机，尽管体积庞大，能量惊人，但其唯一的功能似乎仅仅是制造精神橡皮糖。[①] 对于盖茨比来说，黛西不仅是他认识的第一个"大家闺秀"；她是"上流社会"的精华、社会地位的巅峰、生活中一切美好而值得争取的事物，更是盖茨比所追逐的美国梦的化身。黛西是盖茨比的"金色女郎"，是他那付诸东流的理想主义梦想和"目标"。她属于菲兹杰拉德笔下常见的一种女性类型，这类女人可爱，娇媚而且"浪漫"——但有寄生本性，且情感冷漠。菲兹杰拉德从未仅仅只是爱上某个具体的女人；她爱上的是这个女人在他眼中的那种化身，那种他在浪漫的期待中所能想象到生活中一切最美好的潜在价值。刺激黛西的是软弱而不是激情；她只是听任任何力量的摆布，随时准备着改弦易辙，

[①] Cooperman, Stanley, *F. Scott Fitzgerald's the Great Gatsby*，外语教学与研究出版社1996年版，第83页。

随时准备着保护自己,绝不陷入感情困扰和感情义务当中。黛西的基本特征是缺乏内在实质,在《了不起的盖茨比》当中强化这一虚空感的象征意象比比皆是,自始至终伴随着黛西,像飘舞在她面前的薄纱一样。黛西只忠于自己的情绪和爱情姿态,因此在大难临头之时便像一个身着白色花边礼服的联谊会女生躲避一堆油脂似的抛弃了盖茨比。[①] 汤姆实际上是串联起整部作品的一个关键人物,他与书中的其他主要人物都有对手戏,都在某个方面相关联:黛西是他的妻子,尼克是他的大学同学和他妻子的亲戚,盖茨比是与他有着正面交锋的情敌,乔丹是他妻子的闺蜜,威尔逊夫人是他的情妇,威尔逊一心指望靠他赚一笔。汤姆不仅娶了盖茨比昔日恋人黛西,还勾引了威尔逊的妻子,最终还诱使威尔逊杀掉了盖茨比,威尔逊又畏罪饮弹自尽,从而一箭双雕除掉了两个敌人。可见,汤姆其实在影片中不仅起到了一个串联起众多人物的作用,而且也是所有其他人物所追求的目标,所希望达到的高度,在这一点上,可以说汤姆是美国梦的化身。而野蛮粗暴的汤姆崇尚暴力,酗酒,道德败坏甚至诱人犯罪的本性又使这个梦想变得毫无意义,从而暗示了美国梦的破灭。盖茨比和威尔逊的悲剧结局同样寓意着美国梦在"一战"后 20 世纪 20 年代的美国随着财富的继承和阶级的固化已经不那么真实了。

四、颜色的象征意义

菲兹杰拉德对于颜色象征的巧妙使用使《了不起的盖茨比》这部小说充满了活力与美感,从而使其故事能够为一代又一代的读者所接受。颜色的象征在小说中使用范围之广,在表现小说中心矛盾时候起到的作用超出了大多数人的想象。《了不起的盖茨比》当中的中心矛盾正如尼克在书的开头所声称的,在于盖茨比的梦想与污秽的现实之间的冲突。伴随着盖茨比梦想的乌烟瘴气并没有让他丧失纯洁,他依然守护着初心。而这样一个心地纯洁的人的被害揭示了整个社会的腐化和堕落。认清了这一点的尼克返回了他在中西部

---

① Cooperman, Stanley, *F. Scott Fitzgerald's the Great Gatsby*,外语教学与研究出版社 1996 年版,第 117 页。

的家乡。颜色象征的使用细致贴切地表达了书中主要人物梦想与现实之间的背离与交融。

光明与黑暗的对比在所有颜色象征当中最为显而易见,这种对比突出了小说的中心矛盾。盖茨比的每一次出场似乎都自带光环,他用自己的想象力创造了一个超凡而绚丽,却又令人感到俗不可耐的世界。当他向黛西展示他那数量众多,五颜六色的衬衫的时候,让黛西不由得感到似乎身处彩虹当中,而盖茨比就是那光芒万丈的神。盖茨比只看到了纯洁的光,而读者却看到在光明背面还隐藏着可怕的灰谷,还有那时不时泛起暗尘的荒原。美国梦所追求的无止尽的机遇与成就背后却是肮脏的现实世界。

在小说第二章的开头,堆放灰渣的垃圾场被称作"灰沙的谷地(valley of ashes)"。① 这一形象的比喻有着强烈的象征意义:让人不禁联想到英国国教圣公会所用的《通用祈祷书》中的"死亡阴影之谷(The valley of the shadow of death)"。它位于繁华的纽约市和高级住宅区之间,不仅是一种对比,更是一种影射,点出了繁华生活的实质,又使人想到诗人 T. S. 艾略特的名诗《荒原》(The Wasteland, 1922)。正因为它的强烈象征意义,作者一度曾想把小说取名为 Among the Ash-Heaps and Millionaires。

尼克回到西埃格时撞见衣冠楚楚的邻居盖茨比眺望对岸黛西家那盏绿灯,那盏绿灯仿佛在告诉盖茨比前方安全,可以通行。而多年前盖茨比的爱情遭遇了红灯,他因身份地位相差悬殊而不得不离开黛西。那盏绿灯似乎给盖茨比的梦想指明了方向,给了他无尽的希望,使他如飞蛾扑火般奋不顾身地想要再次得到黛西。而小说中无处不在的黄色是金钱和财富的象征,这种彻头彻尾的物质主义腐蚀了年轻人的梦想,使他们在追逐财富的过程中忘掉了初心,迷失了自我,最终其梦想也破灭了。黛西的出场伴随着白色的背景。纯白的家具,纱帘,服装,衬托出宛若仙境的氛围,黛西和乔丹懒散地躺在贵妃椅上,百无聊赖。白色是纯洁和高贵的象征,烘托出了两位女士高高在上的地位。

---

① [美]菲兹杰拉德:《了不起的盖茨比》,姚乃强译,人民文学出版社 2008 年版,第 23 页。

五、与时间件相关的象征

与时间相关的象征在小说中出现了很多次。当尼克来到位于东埃格探望表妹黛西和她的丈夫汤姆·布坎南时，他看到他们的豪宅的草坪从海边越过日晷一直延伸到前门，日晷这一古老的时间指示器象征着汤姆家族财富的世袭性。当盖茨比终于在尼克的住所得愿以偿地见到日思夜想的黛西时，他斜靠在壁炉架上，两只手揣在兜里，故作镇静。往后碰到了一台废旧的座钟上，那钟受不了他的压力，四分五裂地摔了下来。他连忙语无伦次地说要找人马上过来修理，还试图把钟重新组装起来，由于过分紧张而无法成功。摔坏的闹钟象征着盖茨比企图破镜重圆的梦想最终只是镜花水月的一厢情愿而已。在尼克的家里，黛西首先是在镜子里看到盖茨比的，她看到的是一个平面的、缺乏立体感的盖茨比，对她来说盖茨比的出现有些不真实，他仿佛是跨越时空从镜子里面走出来的梦幻般的存在。

总之，《了不起的盖茨比》当中源于故事情节和场面的种种象征因其戏剧讽刺效果服务于作品内容并与作品内容融为一体而变得更有力度，有助于深刻揭示以"美国梦"为代表的美国价值观的失落。

A Corpus-based Study of English Synonyms: "Speak", "Tell", "Talk" and "Say"

郭晨雨[*]

Abstract: This corpus-based study was aimed at investigating four English synonymous verbs, namely, *speak*, *tell*, *talk* and *say*, to examine the similarities and differences with respect to senses of meanings, style or formality of the contexts, collocations by analyzing the data from dictionaries and the Corpus of Contemporary American English (COCA). The results showed that there are some common meanings and collocations. However, they are near synonyms, not absolute synonyms because the four words have obvious differences in meanings, contexts and collocations, which means that some words are interchangeable in certain contexts, but not in all contexts. In addition, corpus provided a lot of additional information that cannot be found in dictionaries. Corpus-based data can help second language learners understand the differences and usages of synonyms so that they can learn to use appropriate words and collocations in various contexts. English learners should take corpus as an important learning tool, and students are supposed to be exposed to corpus in English teaching since it is conducive for them to

---

[*] 作者简介：郭晨雨，上海政法学院语言文化学院英语专业2017级本科生。

enhance their English skills.

Key words: Synonyms; Corpus; COCA; Collocation

It is an undeniable fact that, as a long-standing language, English has millions of words. Many studies have shown that English has an extensive vocabulary because it has borrowed many words from other languages, such as Anglo-Saxon, Greek, Latin and French.[1] As a consequence, English learners need to be aware that there are many words in English with similar meaning or semantic characteristics, called synonyms. Synonyms has great significance in the English language.

Dictionary is the most commonly used tool for English learners, which can help them look up the meaning of a variety of words. However, the definition of synonyms in dictionaries is often described by its adjacent words, which leads to the ambiguity of the definition of synonyms. Lee and Liu[2] stated that dictionaries are highly trusted by most second language learners, but they only show the meaning of synonyms rather than describing their different uses. Therefore, just searching for words in a dictionary is not enough to fully understand and learn how to use synonyms in respect of syntax, collocations, semantics and style. So in this study, corpus data is also taken into account to find other additional information in the corpus that can be supplemented in addition to the information provided by these dictionaries. Nowadays, a corpus has very important effect on English teaching, learning and using English like native English speakers because it is a kind of empirical material and it is designed to store and provide huge amounts of data in a large range which are native speakers' natural texts in

---

[1] Supakorn, P., A Corpus-based Study of English Synonyms. *International Journal of Arts and Sciences*, 3(10), 227-245.

[2] Lee, C., & Liu, J., Effects of Collocation Information on Learning Lexical Semantics for near Synonym Distinction. *Computational Linguistics and Chinese Language Processing*, 14(2), 205-220.

real life.①

This paper chose four basic English synonyms, namely, *speak*, *tell*, *talk* and *say* as target words to examine the similarities and differences with regard to senses of meanings, the formality of the contexts and collocations, analyzing the dictionary definitions and the corpus data. This study was a corpus-based research. First, the Corpus of Contemporary American English (COCA) was the main source of the whole study. Second, three dictionaries were used in this paper, there were Oxford Advanced Learner's English-Chinese Dictionary (the 8th edition), Longman Dictionary of Contemporary English (the 5th edition) and Collins English Dictionary online. The information provided by these dictionaries was also referred.

The purposes of my research are to study the senses of meanings of the four verbs speak, tell, talk and say through the dictionary and corpus-based information; to study the formality of the contexts in which these synonyms occur; to investigate the collocational patterns of these synonyms and to judge whether these four synonyms are absolute synonyms or near synonyms.

The results of the study will present whether these four synonyms are near synonyms or absolute synonyms. It will also conclude the most common collocations of each word. Studying English synonyms can help English teachers and second language learners understand the differences of synonyms and their respective usages and collocations so that some potential mistakes can be avoided in the process of English learning and they will learn to use the appropriate words in different contexts. In addition, The research provides an analysis of synonyms based on the corpus. It shows how English teachers and L2 learners can use corpus software as an extra tool for teaching

---

① Lindquist, H., *Corpus Linguistics and the Description of English*. Edinburgh: Edinburgh University Press, 2009.

and studying English apart from the dictionaries.

I. The Concept of Corpora and Synonyms

1. The word "corpus" (the plural is corpora) means a collection of written or spoken texts. The corpus contains language materials that actually appear in the actual use of language and is the basic resource of language knowledge carried by electronic computer. In linguistics, there are numerous different kinds of corpus available for analysis. The general corpus is designed to represent different types of languages, both spoken and written, and different types of texts, for example, The Corpus of Contemporary American English (COCA), British National Corpus (BNC), and American National Corpus (ANC). COCA is the largest English corpus available for free, with over 450 million texts words. It contains comprehensive and representative data, covering spoken English, novels, magazines, newspaper articles and academic writing. BNC has a tremendous size of 100 million contemporary British English words, 90 percent of which are written data and 10 percent are spoken data. ANC has 20 million written and spoken words. Corpus contains a large number of texts in a variety of contexts. As a result, they provide a wealth of knowledge and resources about the meanings, usages, common collocations, and grammatical structures of words in different contexts.

2. Any corpus-based research is necessarily driven by corpus data. Corpus-based analysis provides new perceptions about the structure of languages by using computational and quantitative tools as well as a large number of different types of corpora. Corpus linguistics is based on computer corpora, analyzing the actual language. Generally, the analysis is done with the help of a computer, using specialized software to consider the frequency

of the phenomenon being investigated. It has become one of the most widely used methods of language research because it can be used to study multiple language problems, and because it has been shown to yield interesting, basic, and surprising new information into language. Corpus linguistics can be applied to different aspects of linguistic research, such as syntax, semantics and lexicography. The ultimate purpose of corpus linguistics is to discover the essence and usage of language.[①] In recent years, corpus linguistics has been used as a method to study the use of natural language and as a way to improve the structures and contents of language teaching materials in schools.[②] According to the purpose of the study, a corpus can be a useful tool for most linguistic studies. A corpus is usually a very large collection of written and spoken resources which is used to analyze language or give new methods to deal with some general and difficult topics that need to be investigated.

3. Dictionary defines the word *synonym* as "a word or expression that has the same or nearly the same meaning as another in the same language: *big* and *large* are synonyms." Synonyms have similar meanings. L2 learners may get confused when they see a group of words with similar meanings.[③] There are two main types of synonyms: absolute synonyms and near synonyms. Absolute synonyms refer to a pair of synonyms in which all their meanings are absolutely the same. Two words can completely interchangeable in all contexts and they are semantically equivalent on all dimensions of meaning, descriptive and non-descriptive.[④] This synonym rarely appears in language use because not all synonyms can always be

---

[①] McEnery, T., & Wilson, A., *Corpus Linguistics*. Edinburgh: Edinburgh University Press, 1996.

[②] Reppen, R., & Simpson, R., Corpus Linguistics. In N. Schmitt (Ed.), *An Introduction to Applied Linguistics*. London: Arnold, 2002: 92.

[③] Thornbury, S., *How to teach vocabulary*. Essex: Longman, 2002.

[④] Lyons, J., *Linguistic Semantics: An Introduction*. Cambridge: Cambridge University Press, 1995.

exchanged in every context. [1] On the contrary, near synonyms refer to set of words that have similar meanings to each other and cannot substitute for each other in all cases. [2] Cruse [3] defined near synonyms as "lexical items whose senses are identical in respect of central semantic traits, but differ in minor or peripheral traits." People often found that, actually, not all synonyms can be used interchangeably in any context. [4] One set of synonyms may have different connotations or differ in grammatical patterns, and some other sets of synonyms may be used in different regions. [5] This is why second language learners may feel confused and even make mistakes when using synonyms. In order to expand vocabulary knowledge, learning synonyms well is a key factor to help learners improve their English skills, because it is conducive for them to use the right words in the appropriate contexts. [6]

II. Criteria for Distinguishing Synonyms

1. The first criterion is the senses of meanings. When distinguishing and defining the meanings of a word, it is essential to take into account the connotation of the word and its specific context of use. [7] Tognini-bonelli [8] gave the example of two adjectives *flexible* and *fickle*. *Flexible* refers to "something such as a plan is able to change to suit new conditions or

---

[1] Chung, S. F., A Corpus-based Analysis of Create and Produce. *Chang Gung Journal of Humanities and Social Sciences*, 4(2), 399–425.
[2] Murphy, M. L., *Semantic Relation and the Lexicon: Antonymy, Synonymy, and other Paradigms*. Cambridge: Cambridge University Press, 2003.
[3] Cruse, D. A., *Lexical Semantics*. Cambridge: Cambridge University Press, 1986.
[4] Palmer, F. R., *Semantics*. Great Britain: Cambridge University Press, 1997.
[5] Jackson, H., & Amvela, E., *Words, Meaning, and Vocabulary*. London: Cassell, 2000.
[6] Rozakis, E. L., *Vocabulary for Dummies*. Indianapolis: Wiley, 2011.
[7] O'Keeffe, A., McCarthy, M., & Carter, R., *From Corpus to Classroom: Language Use and Language Teaching*. Cambridge: Cambridge University Press, 2007.
[8] Tognini-Bonelli, E., *Corpus Linguistics at Work*. Amsterdam: John Benjamins, 2001.

situations" and "something is able to bend easily without breaking," while *fickle* means "changing often and suddenly" and "(of a person) often changing their mind in an unreasonable way so that you cannot rely on them." From the meanings of this group of adjectives, *flexible* has positive meanings but *fickle* has negative meanings.

2. The contextual style or form in which synonyms are applied is also a criterion for distinguishing synonyms. In a pair of synonyms, one word may appear more in an informal context, while the other tends to appear more in a formal context. For example, *lavatory* and *immense* are more formal than *toilet* and *huge*. It is inappropriate to use informal words in some formal situations, and vice versa.

3. Collocation is another criterion for judging whether a set of synonyms can be substituted for each other. Collocation is the way in which some words are often used together, or a particular combination of words used in this way, for example, "commit a crime" is a typical collocation in English. Sinclair[1] defined *collocation* as "the occurrence of two or more words within a short space of each other in a text." Lindquist[2] stated that "Collocation is the relation between a word and individual word forms which co-occur frequently with it." For example, the verbs *beg* and *plead* are a group of synonyms because they both mean asking somebody for something. However, the two words do not have the same grammatical patterns. The word *beg* is usually followed by an infinitive, as in a).

a) He **begged** her not to go.

In contrast, the word *plead* is usually followed by a preposition with, as in b).

b) He **pleaded** with her not to go.

---

[1] Sinclair, J., *Corpus, Concordance, Collocation*. Oxford: Oxford University Press, 1991.
[2] Lindquist, H., *Corpus linguistics and the Description of English*. Edinburgh: Edinburgh University Press, 2009.

For English learners, it is not easy to determine which words are suitable and which words have a strong collocational tendency, because language is arbitrary.[①] Learning collocation can help second language learners better distinguish the meanings of synonyms and judge the correct words to use in different contexts.

III. Research Methodology

With regard to the senses of meaning, I used Collins English Dictionary as a reference to list all the meanings of each word. In terms of the style or formality of the contexts, I used the COCA, looked it up in "Chart". I typed the word and put brackets around it in order to find all the forms of the verb, then pressed the "See frequency by section" key. When studying collocations, I used the COCA again, searched in "Collocates". I chose to select by frequency and the minimum frequency was not less than 20 times, then typed the word in "Word/phrase", selected the "noun. ALL" and "prep. ALL" in "Collocates", and chose the first word on the right. Then I pressed the "Find collocates" key. All the processes were manual.

The research instruments were dictionaries and a corpus. Dictionaries I studied were the two paper dictionaries I have: Oxford Advanced Learner's English-Chinese Dictionary (The 8th Edition) and Longman Dictionary of Contemporary English (the 5th Edition). In addition, for more comprehensive and useful information, I also consulted the Collins English Dictionary online, a real learning English dictionary based on corpus resources. A corpus was the Corpus of Contemporary American English (COCA) created by Mark Davies of Birmingham Young University.

---

① Fromkin, V., Rodman, R., & Hyams, N., *An Introduction to Language*. Boston: Thomson-Heinle, 2003.

At the beginning, I looked up the definitions of the terms in this study, according to the Collins and the two bilingual dictionaries. The purpose was twofold: to understand all the meanings that these terms have, and to compare these definitions with each other to examine similarities and differences among them. That is to say, I wanted to have a basic understanding of the terms from the information given in the dictionaries. When consulting the dictionaries, I observed the meanings, example sentences, and collocations of the four synonyms under research from dictionaries to investigate three main aspects, namely their senses of meanings, the formality of the contexts and collocational patterns.

Another source of data collection was the Corpus of Contemporary American English (COCA), which is the corpus on which this study is based. COCA is probably the most extensive and genre-balanced corpus in American English, and it contains more than 1 billion words which collected from eight genres: spoken English, fiction, popular magazines, newspapers, academic texts, and (updated in March 2020): TV and movie subtitles, blogs, and other web pages. By consulting the corpus, I retrieved some information about the synonyms in this research which may not appear in the dictionaries.

IV. Results

1. In terms of meaning, all the verbs studied around a core meaning: the action of "expressing something in words or sharing news, information, idea or feeling with another person or other people." However, there are some big differences among them.

After studying the meanings of each word in the Collins English Dictionary, I found that some words are synonymous in some senses. First of all, the most basic meaning of *speak* is "to use your voice in order to say something," and *talk* in the first place means "using spoken language to express your thoughts, ideas, or feelings," and *say* means "speaking words." So it is evident that, in the sense of "using words to express something", *speak*, *talk* and *say* can be mutually interpreted with each other. Secondly, both *speak* and *talk* mean to use a language when you speak. Thirdly, *speak* means "if you say that something speaks to you of a quality, experience, or feeling, you mean that it is evidence of it or expresses it." *Say* has a similar meaning: to indicate or show information, but the information here is important or positive. Last, *tell* and *talk* both have the meaning of giving away information, but when you use talk in this sense, you are usually forced and unwilling.

However, though *speak*, *tell*, *talk* and *say* have certain synonymous meanings, it can be found that there are also great differences among them and each word has some distinctive meanings of its own. First of all, *speak* can mean you represent a group of people and say something for them if you use it in the collocational pattern "speak for somebody." Secondly, *tell* focuses on giving information and communicating something. It can also mean "recognizing difference." Thirdly, *talk* is used to express or discuss between two people or a group of people in a conversation. And last, *say* has a special meaning: suppose something.

2. In terms of style or formality of the contexts, figures given in Table 1 below are based on the Corpus of Contemporary American English (COCA), which divides the contexts into 8 different types. It lists the frequency of the four verbs in each type.

As we can see from Table 1, of these four words, *say* is the most frequently used word, while *speak* is the least frequently used word. There is a large gap between these two words. *Tell* has the highest number in TV/M which means that the word is mainly used in television and movies, whereas

Table 1 The Frequency of Each Word in Eight Different Genres

	ALL	BLOG	WEB	TV/M	SPOK	FIC	MAG	NEWS	ACAD
Speak	296,478	35,576	39,083	36,110	51,919	55,545	26,251	28,954	23,039
Tell	1,120,527	103,379	107,721	315,872	173,538	199,395	98,716	91,701	30,205
Talk	735,618	71,373	61,519	185,742	204,843	86,868	49,705	57,030	18,538
Say	4,109,489	367,920	378,285	417,220	672,110	721,315	471,739	978,944	102,156

say has NEWS as the highest score reaching 978 944 which presents that *say* is often used in newspapers. *Speak* is most commonly used in both fiction and spoken contexts, while *talk* appears most frequently in spoken, television and movie contexts, accounting for almost half of the total. One thing that these four synonyms have in common is that they are all the least frequently used in academic contexts. Therefore, in general, it is likely that these four synonyms are used in less formal contexts.

3. In terms of collocations, based on the transitive and intransitive uses of words, two collocations were found in this study: noun collocation in transitive verb and preposition collocation in intransitive verb. Referring to the dictionaries, it was found that say has transitive use only, and since one of the main uses of the word *say* is "to contain the content of what is said", it is followed by a sentence in most cases. Therefore, the study in this part mainly compared the collocations of *speak*, *tell* and *talk*.

The first one is "Verb + Object (VN)". As a transitive verb, *speak* is mostly followed by a variety of languages such as *English*, *French*, *German*, *Arabic*, etc. The frequency of language nouns accounts for the majority. The other nouns, according to the frequency, are *truth*, *volumes*, *words*, *evil*, *nonsense*, *peace*, *life*, *lies*, etc. In COCA, almost all the collocated nouns after *tell* are related to people such as *mom*, *Mr*, *students*, *police*, *clients*, etc. Other nouns that appear frequently are *stories*, *time*, *jokes*, *lies*, *tales*, *truth*, etc. By analyzing the data, I found that noun collocations after *talk* have different categories, including formal words: *politics*, *business*, *religion*, etc.; sports: *baseball*, *football*, etc.; derogatory terms: *shit*, *trash*, *crap*, etc.; languages: *English*, *French*, *German*, etc.; people: *family*, *Mr*, etc.; idiomatic expressions: *talk sense*, *talk turkey*, *talk smack*, etc.; and others: *number*, *story*, *music*, *books*, etc.

The second one is "Verb + Prep. + Object (VPN)". The ten most frequent prepositions followed by *speak* are *to*, *of*, *with*, *for*, *about*, *in*, *at*, *on*, *from* and *like*. Here are some examples from the corpus.

(1) *But in the past it wasn't normal for school students to speak **to** each other in the target language as part of the methodology.*

(2) *It's easy to speak **of** courage when in a position of strength, not so simple when there is real vulnerability.*

(3) *But I occasionally speak **with** friends who try Zen but actually are turned off by the Asian format.*

(4) *Losing ones job is never a nice thing to go through so I'm sure I speak **for** everyone here in wishing you all the best for the future, whatever it may hold!*

(5) *Maybe when we equal those societal issues out we can speak **about** the abortion issue again.*

The ten most frequent prepositions followed by *tell* are *by*, *from*, *about*, *of*, *on*, *with*, *to*, *through*, *apart* and *over*. Here are several examples as follow.

(6) *And I can tell **by** the look in your eye that you agree with me.*

(7) *As you can tell **from** my forthcoming speaking schedule, I have a number of events where I will need these books.*

(8) *These may not be Obama's exact words, but he did say something quite similar to that. It believe it is an important tell **about** his character.*

(9) *Meeting both authors is recommended. Both currently live in Tucson, AZ, and love the desert. I'm sure they have many stories to tell **of** their life*

there.

(10) *This is going to make your sister feel great, and every time you call her a name, she is going to take the opportunity to tell **on** you again and get you in trouble*.

The ten most frequent prepositions followed by *talk* are *about*, *to*, *with*, *of*, *like*, *in*, *for*, *on*, *at* and *through*. Here are some examples from the corpus.

(11) *They talk **about** hungry children, sick people, and bread lines until the West starts to worry more about the suffering we cause than the suffering they cause*.

(12) *We call a family meeting and talk **to** the kids about what we've realized or what we're learning*.

(13) *I got to talk **with** successful people I'd never have had access to otherwise and that opened a lot of doors for me*.

(14) *The time has come to talk **of** many things, like 3D design and printing*!

(15) *You're allowed to talk **like** a pirate when you have an eye patch to match*.

V. Discussion

1. Table 1 in the previous result is about the total frequency of each word in each context in COCA. Based on this, I calculated the proportion of each word in each context, as in Table 2.

It can be clearly seen from Table 2 that in the context of blog and web, the proportion of *speak* is the highest, and *say* appears more often in magazines and newspapers than the other three words. In the context of TV and movies, *tell* is the most frequently used, followed by *talk*, and in the

Table 2 The Proportion of Each Word in Each Context

	BLOG	WEB	TV/M	SPOK	FIC	MAG	NEWS	ACAD
Speak	12%	13.2%	12.2%	17.5%	18.7%	8.9%	9.8%	7.8%
Tell	9.2%	9.6%	28.2%	15.5%	17.8%	8.8%	8.2%	2.7%
Talk	9.7%	8.4%	25.2%	27.8%	11.8%	6.8%	7.8%	2.5%
Say	9.0%	9.2%	10.2%	16.4%	17.6%	11.5%	23.8%	2.5%

context of spoken language, the proportion of *talk* is much higher than that of the other three words, with 27.8%. But in the context of fiction, the data of the four words are quite similar. In addition, I noticed that *speak* can suggest a little more formal level of communication than *talk*. You often use *speak* when saying that someone *speaks* in a particular way, or you will *speak* to someone about something in order to try to achieve a particular goal, while you *talk* to somebody in order to be friendly or to ask their advice. The corpus data supports this fact and shows that in academic contexts, the proportion of *speak* is 7.8%, while that of *talk* is 2.5%.

2. For the transitive verb, the collocations of following noun was studied, and for the intransitive verb, I studied the collocations of the following preposition. Dictionaries show that *say* never has a person as the object. You "say something" or "say something" to somebody. *Say* is often used when you are giving somebody's exact words. You can "say something about something", but you cannot "say about something". *Say* can also be used in a clause. Here are some examples from Collins:

a) I packed and **said** goodbye to Charlie.

b) "I'm sorry," he **said**.

c) Well, I can't **say** I'm sorry to hear that.

According to the data in COCA, as transitive verbs, the nouns after *speak* are mainly various languages, the nouns after *tell* are mostly people, and the nouns after *talk* have different categories. As intransitive verbs, the grammatical patterns of *speak*, *tell* and *talk* can be summarized and compared.

It can be seen from table 3 that although both *speak* and *tell* are followed by *on*, one goes with something, the other goes with somebody. "Speak on something" means "to talk about something," while "tell on somebody" means "to tell a person in authority about something bad that somebody has done."

Table 3　The Shared and Different Patterns of *Speak* and *Tell*

Shared patterns	
Speak	Tell
Speak to somebody Speak about something Speak of something Speak with somebody Speak from something	Tell to somebody Tell about something Tell of something Tell with somebody Tell from something
Different patterns	
Speak	Tell
Speak in something Speak on something Speak for somebody/something Speak at someplace Speak like somebody	Tell by something Tell on somebody Tell through something Tell apart from something Tell over something

In table 4, it can be found that the grammatical patterns of *speak* and *talk* are almost the same. It's worth noting that both *speak* and *talk* are used with *for*, but "speak for" is used with somebody in most cases, means "to state the views or wishes of a person or a group; to act as a representative for somebody," while "talk for" is usually followed by a period of time.

We can notice that although both *tell* and *talk* are followed by *on*, one goes with somebody, the other goes with something. "Tell on somebody" means "to tell a person in authority about something bad that somebody has done," while "talk on" usually followed by something like "the phone", "the panel", "the cell phone" and so on.

Table 4　The Shared and Different Patterns of *Speak* and *Talk*

Shared patterns	
Speak	Talk
Speak to somebody	Talk to somebody
Speak about something	Talk about something
Speak of something	Talk of something
Speak with somebody	Talk with somebody
Speak in something	Talk in something
Speak on something	Talk on something
Speak like somebody	Talk like somebody
Speak for somebody/something	Talk for somebody/something
Different patterns	
Speak	Talk
Speak at someplace	Talk at somebody
Speak from something	Talk through something

Table 5　The Shared and Different Patterns of *Tell* and *Talk*

Shared patterns	
Tell	Talk
Tell to somebody	Talk to somebody
Tell about something	Talk about something
Tell of something	Talk of something
Tell with somebody	Talk with somebody
Tell through something	Talk through something
Different patterns	
Tell	Talk
Tell by something	Talk in something
Tell on somebody	Talk on something
Tell from something	Talk for somebody/something
Tell apart from something	Talk at somebody
Tell over something	Talk like somebody

Conclusions

The four synonyms *speak*, *tell*, *talk*, and *say* were distinguished systematically by the three major criteria mentioned earlier. Through the investigation, they have different focuses and different meanings in specific contexts. I also noticed that the contexts in which these four words often appear is distinct from each other. *Speak* is frequently used in fiction, and *tell* is mostly used in TV and movies. *Talk* is more common in the spoken language context and *say* is used more often in newspapers. The collocations with which they appear are also different. *Say* is usually used alone or in a clause. As transitive verbs, the nouns after *speak* are mainly languages, the nouns after *tell* are mostly people, and the nouns after *talk* have different categories, including formal words, sports, languages and so on. As intransitive verbs, *speak*, *tell* and *talk* share several prepositions: *to*, *about*, *of* and *with*, but besides, there are other different prepositions for each word.

Based on all the previous studies, we can draw the conclusion that *speak*, *tell*, *talk* and *say* are near synonyms, not absolute synonyms. They cannot be substituted for each other in all contexts. I believe this study can give some inspiration to second language learning and teaching. Second language learners should pay attention to the comparison of synonyms. In the process of learning, L2 learners are supposed to consult dictionaries and corpora more often to obtain useful information in order to be very clear about the differences among synonyms such as the different contexts and respective collocations, so as to choose appropriate words and collocations in different cases. In addition, corpus, which can provide much comprehensive vocabulary information for language learning, should be fully used in English teaching. The use of corpus in English teaching is helpful to expand students' vocabulary knowledge and improve their English skills. English teachers should encourage and help their students to use corpus proficiently and master the methods of accessing data.

语言安全研究

찾는수학문제

变体、话语与权力：社会语言学视域下的法律语言研究

胡 川[*]

内容摘要：在众多语言学流派中，社会语言学同法律与语言的渊源最深。本文从社会语言学的视角出发，从语言变体、话语分析和权力三个纬度对国内外法律语言研究的情况进行梳理，介绍具有代表性的研究成果，分析其得失，以期帮助学者了解法律语言的研究现状，借鉴和吸收优秀成果，加速我国法律语言研究的步伐。

关键词：社会语言学；法律语言；变体；话语分析；权力

20世纪，随着西方哲学的语言转向并作为一项运动深入发展，语言及语言问题的中心地位在人文科学研究领域得到极大凸显。很多领域的学者开始意识到，语言问题的确是一个根本问题，并纷纷同语言和语言问题达成妥协，把语言作为自己思考和研究的切入点，在研究中积极借鉴语言哲学所提供的理论和方法。法律与语言的研究正是在这种大背景下而出现的。关于法律与语言研究的兴起，美国学者Conley和O'Barr指出，"随着社会法学者将法律语言纳入他们的研究范围之内，以及语言学家开始关注法律场域中的语言问题，法律与语言作

---

[*] 作者简介：胡川，上海政法学院语言文化学院讲师，研究方向：外语教学、语言学、翻译理论与实践。
① 本文系上海政法学院校级科研项目《庭审中的模糊语言与权力研究》（2020XJ04）的研究成果。

为一门学问在 20 世纪 70 年代诞生了"。①

在语言学的众多流派中,社会语言学同法律与语言的研究、实践可谓渊源最深,联系也最紧密。社会语言学与法律社会学共同构成法律与语言研究的渊源与理论背景②。社会语言学作为语言学的分支,诞生于二十世纪五六十年代的美国,它的出现打破了彼时结构主义语言学和形式主义语言学一统天下的局面。在那之前,语言学流派一般都把语言视为"纯净均质"的客体,往往以理想的、形式完美的语言为对象展开研究,但事实上,完美形式的语言只存在于语言学家们的构想当中,而现实生活中人们讲出的话语并不完美,存在各种不规则的变异。与其说我们使用的是某种语言,不如说我们使用的是某种语言变体。社会语言学家们没有回避这一现实,将语言视为一种"异质有序"的客体,并从这一基本点出发研究语言与社会语境之间的关系。作为一种特殊场合、特定人群使用的机构语言,法律语言本身就是具有鲜明特征的一种语言变体。因此,也有人将研究法律与语言的法律语言学看作社会语言学的一种功能变体,由内涵丰富的法律语言应用网络所构成。

社会语言学同法律与语言之间存在着天然联系,越来越多的社会语言学家应法庭之召担任专家证人参与、指导法律实践;同时,围绕法律语言的学术研究也开展得有声有色,极大地丰富了社会语言学的研究内涵。本文将从语言变体、话语分析和权力三个纬度进行梳理。

一、语言变体

变体(variant)是社会语言学的基本概念之一。英国社会学家 Hudson 把变体定义为"社会分布相似的一套语项",是由具备相同社会特征的人在相同的社会环境中所普遍使用的某种语言表现形式。③ 变体是一个所指范围很广的概念,既可指"语言、方言或语体,也可指单个的语音、语法或词汇项目,可以涵盖众

---

① 程朝阳:《法律语言学导论》,法律出版社 2007 年版,第 1—26 页。
② 同上。
③ 参见祝畹瑾:《社会语言学概论》,湖南教育出版社 1992 年版。

多由各种因素(民族、社会阶层、年龄、性别、职业、社团、地域、语域等)所导致的语言差异现象"。①

社会语言学的创始人之一,美国的社会语言学家 Labov 就善于将语言变体的研究运用于法律实践,他曾数次以专家证人的身份出现在法庭上为被告进行辩护。1984 年,美国司法机关抓捕了一名涉嫌给航空公司打恐吓电话的嫌疑犯。通过分析电话录音之后,Labov 与其他语言学家认为嫌疑犯其实并不是打电话的人。他们作出判断的依据在于,录音中"on that"的发音具有明显的新英格兰东部方言的元音特征:把后元音发成高前元音。他们由此断定,打电话的人应该来自新英格兰东部地区,而被抓捕的来自纽约市的嫌疑犯是无辜的。Labov 之所以能作出如此精确的判断和他作为社会语言学家的身份不无关系,他敏锐地捕捉到了两种英语的地域变体(新英格兰东部地区方言和纽约市方言)在发音上的区别。

社会语言学关于语言变体的理论不但可以指导法律实践,还能在相关学术研究中得到运用。Walsh 等人对澳大利亚土著人的土地权的诉讼和涉及土著人的犯罪的审判话语进行分析。他们研究发现,土著人由于其英语能力存在缺陷,其英语(非标准变体)在用法上与主流英语(标准变体)存在巨大差异,这使得他们在诉讼中常常处于不利地位。②

作为一种特殊场合、特定人群使用的机构语言,法律语言本身就可视为一种具有鲜明特征的语言变体。从这个意义上来说,把法律语言(尤其是法庭话语)的词汇、句法、语体等语言形式和结构特征作为对象的研究也可视为语言变体研究。起诉书、辩护词和判决书等具有的修辞特点以及在庭审中的劝说功能构成这类研究的重点。

国外对法庭话语用词、句法的研究专著包括 Danet③ 的《法律过程中的语言》、Lakoff④《谈论权力》以及 Solan⑤ 的《法官语言》。Solan 是国际法律语言协会第三任主席,现任纽约市布鲁克林法学院副院长,他在书中探讨了法官在法庭

---

① 赵蓉晖:《社会语言学的历史与现状》,《外语研究》2003 年第 1 期。
② Walsh, Michael. *Interactional Styles in the Courtroom*. Harlow: Longman. 1994.
③ Danet, B. Language in the Legal Process. *Law and Society* (14): 1980.
④ Lakoff, R. *Talking Power: the Politeness of Language*. New York: Basic Books. 1990.
⑤ Solan, L. M. *The Language of Judges*. Chicago: University of Chicago Press. 1993.

审判中是如何基于一定的语言学原则对立法文本进行解读,从而帮助其作出公正而合理的判决。

我国早期对法庭话语的研究也围绕其修辞特点而展开。孙懿华、周广然研究了各类法律文书对同一事物表述的修辞差异。[①] 潘庆云分析了三种法庭话语交际方式:自叙型交际(宣读起诉书、宣判等)、对话型交际(询问、讯问等)和副语言,揭示了法庭演讲辞的语篇结构特征。[②] 杜金榜论述了法庭话语的句式特点,指出司法口语的特点集中表现在法庭活动中,而法庭活动主要在于论说,所以句式一般比较简洁,多使用省略句。[③] 国内一些学者也尝试引入系统功能语言学的方法来进行法庭话语的研究,通过分析法庭话语中语气、情态、及物性等来探讨法庭话语中的概念功能、人际功能和语篇功能。例如,马泽军、刘佳、陈海庆以真实的庭审案件转写文本为语料,以情态动词为切入点,对我国庭审话语中情态动词的韵律特征及其人际功能实现进行分析。[④]

需要指出的是,这些研究虽然在一定程度上揭示了法庭话语在词汇、句法等语言形式和结构特征,但其大多都以发话人为中心,且把法庭话语当作一个自我封闭的系统,是一种对法庭话语的静态研究和分析。事实上,法庭话语是一种极具动态性和即席性的机构话语,各种语境变量会随话语展开而不断发生变化。

二、话 语 分 析

社会语言学对法律语言的话语分析研究主要围绕法庭话语而展开,学者们走出书斋,深入法庭观察现场互动,重点研究话语策略、话语风格以及语篇互动结构。

国外对法庭话语作为过程的研究起步较早,发展也比较成熟,代表人物有

---

① 孙懿华、周广然:《法律语言学》,中国政法大学出版社 1997 年版。
② 潘庆云:《中国法律语言鉴衡》,汉语大词典出版社 2004 年版。
③ 杜金榜:《法律语言学》,上海外语教育出版社 2004 年版。
④ 马泽军、刘佳、陈海庆:《庭审话语中情态动词的韵律特征及其人际功能实现》,《当代修辞学》2017 年第 6 期。

Levi、Walker、O'Barr 及 Gibbons。Levi 和 Walker 合编了《司法过程中的语言》一书,收集了 12 位颇有影响的学者的力作。[①] O'Barr(1982)在《语言证据》一书中,详细研究了证人的证词,归纳出四种话语风格:(1)强势-弱势;(2)完整叙述-零碎片断;(3)过度正确;(4)话语打断和重叠。研究发现,以强势风格和完整叙述形式作出的证词往往多为陪审团所采信。[②] Gibbons(2008)在《普通法系刑事审判中的问答》一文中,通过对香港刑事审判中的庭审话语进行分析,将法庭问答和日常对话中的问答进行了对比分析。[③]

国内最早对法庭话语进行话语分析的专著是廖美珍(2003)所著的《法庭问答以及互动研究》,书中运用会话分析的相关理论分析了中国庭审中问答的互动机制和特色,揭示了法庭问答行为主体间的互动关系和问答策略。[④] 徐章宏(2006)从顺应理论的角度分析了法庭应答者提供过量信息这一语用策略,认为造成语言使用者产生信息过量应答语的内在动因在于使用者的心理世界、社交世界和物理世界的相互顺应。[⑤] 陈铭浩、张玥(2008)则以关联理论为基础,分析了法庭会话信息修正中话语标记语的作用。[⑥] 廖美珍(2012)还利用框架理论,从静态和动态两个角度分析法庭审判话语。静态分析把法庭审判话语框架分为显性和隐形两种,并揭示框架的层级性和结构性。[⑦]

可以说,以上对法律语言进行话语分析的研究是"把法律语言作为过程"的动态研究,研究强调了法庭话语的动态性、即席性以及受机构规约的限制性,也在一定程度上揭示出法庭话语与日常话语的差异。

[①] Levi, J. N. & Walker, A. G.. *Language in the Judicial Process*. New York and London: Plenum Press. 1990.
[②] O'Barr, W. *Linguistic Evidence: Language, Power and Strategy in the Courtroom*. Academic Press, New York. 1982.
[③] Gibbons, J. *Questioning in Common Law Criminal Courts*. Amsterdam and Philadelphia: John Benjamins Publishing Company. 2008.
[④] 参见廖美珍:《法庭问答及其互动研究》,法律出版社 2003 年版。
[⑤] 徐章宏、李冰:《法庭应答语信息过量的顺应性研究》,《外语研究》2006 年第 2 期。
[⑥] 陈铭浩、张玥:《话语标记语在法庭会话信息修正中的作用研究》,《山东外语教学》2008 年第 3 期。
[⑦] 廖美珍:《法庭审判话语框架分析》,《当代修辞学》2012 年第 6 期。

三、权 力 研 究

Foucault 指出,哪里有话语,哪里就有权力,权力是话语运作的无所不在的支配力量。① 的确,权力与语言密不可分,语言是社会权力关系得以体现的工具,同时,人们也借助于语言来巩固相互间的权力关系。作为典型的机构话语,机构中不同群体的相互竞争形成了强与弱的权力关系。已经有越来越多的语言学家,把权力因素引入法庭话语的研究之中,探索法庭话语背后隐藏的社会因素。

此方面国外最具代表性的研究学者当属美国的 O'Barr。他著有《语言证据:语言、权力和策略》,并与 Conley(1990)合著了《规则与关系》一书。《规则与关系》运用人类学的研究方法分析了法庭申诉者的言语,探讨法律话语中隐含的性别不平等问题,发现采用规则导向型叙述的男性往往较女性在庭审中处于有利地位,可以获得更多"权力"。②

随着批评性话语分析在国内的兴起,一些学者也开始以批判的眼光关注法庭话语。吕万英(2006)研究了法官在法庭交际中通过提问、打断、转换话题、元语评论语等话语资源控制当事人或律师的话语权,实现自己的权力支配。③ 施光(2008)运用 Fairclough 的批评性语篇分析的三维框架分析了法庭话语参与者的意识形态和权力关系。④ 廖美珍、龚进军(2015)从打断数量、打断原因、打断位置和打断模式四个方面探讨探讨中国法庭审判中打断现象与性别之间的关系,研究对象主要为法官、公诉人和律师等从法人员。⑤ 柯贤兵、孙亚迪(2018)则通过对法庭解述话语现象进行描写、分析,揭示出法庭话语的解述现象蕴含着话语互动的内在驱动和权力运用。⑥

---

① 辛斌:《语言、语篇、权力》,《外语学刊》2003 年第 4 期。
② Conley, J. M. & W. M. O'Barr. *Rules versus Relationships: The Ethnography of Legal Discourse*. Chicago: University of Chicago Press. 1990.
③ 吕万英:《法官话语的权力支配》,《外语研究》2006 年第 2 期。
④ 施光:《法庭审判话语的批评性分析》,南京师范大学博士毕业论文,2008 年。
⑤ 廖美珍、龚进军:《法庭话语打断现象与性别研究》,《当代修辞学》2015 年第 1 期。
⑥ 柯贤兵、孙亚迪:《法庭话语解述现象的语用功能研究》,《湖北社会科学》2018 年第 8 期。

四、结　语

　　语言变体、话语分析及权力研究构成了社会语言学应用于法律语言实践与理论研究的三条主要路径,这三条路径也分别对应着法律语言研究的三大历程:法律语言作为客体的研究、法律语言作为过程的研究、法律语言作为工具的批判研究。需要指出的是,变体、话语及权力三条路径的区分并不是纯粹的、绝对的,有时三者之间也相互交错渗透,互为补充,难分彼此。

　　综观这些研究,它们呈现出如下亮点:(1)重视田野调查,研究者往往亲临法庭,采集真实的现场录音、录像语料;(2)提倡多视角的研究,质性和量化兼顾,微观和宏观并重,既关注法庭话语的微观细节,又把话语放在更为广阔的社会背景中去考察,研究话语、话语秩序与性别、民族和权力的关系。

　　当然,这些研究也存在如下局限:(1)较多的研究把关注的焦点放在法庭话语中律师和证人之间的互动交际,对法官话语的关注相对较少;(2)对英美法体系的法律语言研究较多,对欧洲大陆法体系研究则不常见;(3)国外语言学家作为专家证人直接参与案件审理已蔚然成风,但国内却尚不多见,一般由法律专家、办案人员等法律界人士作出解释和判定。

新文科背景下法律英语发展的新要求[①]

吴本翔[*]

内容摘要：在新时代背景下，新文科发展成为课程创新发展的重头戏。本文立足新文科建设的大环境，从社会背景和时代背景出发，简要阐述现代法律英语发展的时代意义和现实意义、法律英语发展脉络和发展现状，从新文科自身的优势特点出发，着重分析新文科建设对法律英语发展提出的若干新要求，通过对法律英语发展新要求的分析，为新文科的创新发展提供启发性建议。

关键词：法律英语；新文科；涉外法律人才；教学大纲；教学研究

引　言

2021年3月2日，教育部以全面推进新文科建设，构建世界水平、中国特色的文科人才培养体系为目标，发布了《教育部办公厅关于推荐新文科研究与改革实践项目的通知》（教高厅函〔2021〕10号），决定开展新文科研究与改革实践项目立项工作。在此背景下，作为典型新文科的法律英语课程面临着一次前所未

---

[*] 作者简介：吴本翔，上海政法学院语言文化学院学生，研究方向：法律英语、刑事法学。

[①] 本文的选题源于作者本科大三学年法律英语课程的学习过程。感谢授课老师们的启迪和教诲。特别感谢李诗芳老师对本文的悉心指导。

有的发展机遇,笔者认为应把握机会,总结法律英语从开设到如今发展过程中的各种经验教训,从认清法律英语的发展现状出发,破除陈旧的不符合时代发展的课程理念,开发及利用好自身新文科课程的优势特点,为新时代中国提供一批优秀的涉外法律实务人才及涉外法律外语人才,帮助中国在全球化和后疫情时代深化对外开放。

一、新文科背景下推动法律英语新发展的现实意义和时代意义

新文科是指基于现有传统文科进行学科中各专业课程重组,形成文理交叉,即把现代信息技术融入哲学、文学、语言等诸如此类的课程中,为学生提供综合性的跨学科学习,达到知识扩展和创新思维培养的一门新型文科学科。在当今"后疫情"时期及新时代背景下,改革开放逐步深化,国际交流日益密切,国际争端也日益频繁,为中国在世界中确立有利的法律地位,培养卓越的涉外法律人才显得越发重要。经济全球化快速发展,我国综合国力不断提升和国际影响力不断扩大,国家对外开放向纵深发展,"一带一路"倡议的提出与推进,标志着中国已经开始主动走出国门,放眼世界,制定国际游戏规则。在这种背景下,中国比以往任何时候都需要对外传播自己的声音,讲述自己的故事。[1] 而中国故事的讲述者需要有对中外文化足够了解的知识积累,同时要精通外语,最重要的是在法律全球化的今天,从法律层面占据高地,更好地将中国故事传播到国外。法律英语课程教学的落脚点就在于培养一批顶尖的涉外法律实务人才,在处理国际法律实务中帮助中国占据有利地位同时维护我国的开放发展成果,防止国外某些资本主义国家法律层面的入侵与欺凌。从时代和现实两方面看,法律英语都应是新文科背景下需要重点发展的一门课程。

---

[1] 谷昭民:《论法律外交》,吉林大学,2015年。

二、法律英语的发展现状

(一) 教学研究呈现科学化、系统化、多样化的发展趋势

　　法律英语教学在20世纪70年代末刚出现时,尚缺乏与之相关的法律英语教学的研究,实践与理论的研究探索没有严格区分。这一时期所有的相关教学都处于"摸着石头过河"的阶段。进入21世纪以来,随着教学实践的积累,关于法律英语的教学研究开始增长,但这其中的研究大多集中于英语专业方向,即对法律语言特点的认知习得和法律文本翻译方面。与此相反,同法律英语教学相关的研究却显得较为稀少,且在重要的研究刊物上,与教学研究相关的成果质量和数量都略显缺乏。[①] 这其中最主要的原因在于初期的法律英语教学探索大都建立在为法律从业者或法学生教授英语知识,然后由学习者自己在涉外法律实务工作中探索学习的基础上。法律英语的教学局限为单纯的以法律为内容的英语补习上。2007年以后,对法律英语教学改革的呼声也越来越高涨,各位法律英语的教学一线教师和学者们都认为法律英语教学理念应该得到更新,形成大法律英语教学观,以法律与英语学习相互促进的理念培育学生法律与英语两个方面,从时代涉外法律人才需求出发,科学、完整、系统地从课程框架出发构建了法律英语的教学体系,培养出适合当代需求的涉外法律实务人才。[②] 这无疑是法律英语教学研究方面的一个重大进步,最明显的效果在于大幅度减少了学习者在工作实践阶段摸索失败的概率,降低了学习中的失败成本。教学研究学者开始注重从课程体系入手,以涉外法律实务为落脚点,打造科学化系统化的法律英语教学体系,形成科学的理论指导与法律英语教学观。但此时的教学研究仍存在较大的问题。通过对知网中这一时期的法律英语教学研究成果浏览与调查统计,我们不难发现这一时期的文章多以发现法律英语中的教学问题为主,很少有明确可行的解决对策,少数提出的解决方法也大多是一些较为空洞的,难以按

---

① 胡朝丽:《近20年我国法律英语教学研究现状及走向》,《外国语文》2019年第6期。
② 苏世芬:《国际化背景下中国法律英语教育之改革》,《青海社会科学》2007年第1期。

部就班切实可行的方案,这些对教学问题纠正难有积极意义。但总的来说,这一时期的学者们通过对教学研究的反思,让我们更为清楚地认识到了以往法律英语教学中的各种硬伤,如教学目的不明确、专业教师缺乏、法律英语的相关教材不规范。2014年后,以张法连教授为首的中国政法大学法律英语教学与测试中心课题组相继出版了《大学法律英语教学大纲》和《法律英语专业教学大纲》,这无疑对法律英语教学研究发展产生了巨大的积极影响,为法律英语教学指明了方向,同时也为从事法律英语教学研究的学者提供了具体问题具体分析的参照蓝本和依据,这之后的相关研究大部分围绕着大纲提出具体可行的法律英语发展策略。法律英语的教学研究朝向更为科学、系统、多样的方向发展,一改以往仅提教学内容不提问题或只分析发现问题难有实际可行的解决问题办法的研究状况。

(二)教学纲要的制定规范了学科发展的各方面

2014年,中国政法大学法律英语教学与测试中心课题组出版的《大学法律英语教学大纲》《法律英语专业教学大纲》(以下简称《大纲》)无疑对法律英语的发展成熟提供了客观条件。《大纲》对法律英语发展做出的贡献不仅体现在法律英语教学研究上,其本身对法律英语教学发展做出的规范性指导也是不容忽视的。首先,《大纲》明确了法律英语教学的教学目标,让法律英语的教学不再是漫无目的的"摸着石头过河"式探索。其次,大纲帮助法律英语教学规范了课程教材,推动了法律英语教材体系的形成与成熟。成熟的教材体系帮助法律英语教学摆脱了与普通英语教学无异,学法律英语不如直接学专业英语的尴尬境遇。因为最初法律英语的教材杂乱无章,难有权威著作和典型材料,缺乏系统性和科学性,这给教学和学习两方面都带来了困难,众多教师和学习者都开始寻找一些效力并不高的学习材料,这最终也只是降低了教学效率和教学质量。最后也最重要的是,《大纲》明确了法律英语的课程定位,认为法律英语教学应依据《大纲》要求,从法律实务的目标出发,以涉外法务为落脚点而进行专门的英语学习。当法律英语学习者认为这是一门单纯的英语课时,这样模糊的定义已经影响到了教学的效率性和实效性,削弱了法律英语的教学意义。所有课程的准确定位,无疑有利于规范和指导法律英语教学的整体发展。以上这些都是《大纲》对法律英语这门学科一路发展过程中暴露出的问题的直观解决,而《大纲》另一方面展现出在新时代背景下,随着改革开放的逐步深化,法律英语课程应具备的特色和优势,对一些过时的教学观念进行了修正,明确了"法律语言是涉外法律人才培养的基础,而法律外语人才的培养是高等院校中法律外语教学的重要任务"这一法律英语教学观。①

《大纲》认为法律英语的教学不应是简单地给法学生补习英语,也不应是给英语专业学生灌输法律知识的"两层皮"式教学。这种"两层皮"式教学是所有交叉学科教学都容易犯的"通病"。《大纲》提出,要以实务能力培养为中心,这样就可以避免从英语到法律或从法律到英语的单调灌输,而是以实务为落脚点,注重学生综合能力的提升,以相关的实践能力为检验标准。具体的实行,《大纲》认为应从"听、说、读、写、译"这样的基本核心素质入手,注重载体的基本功,同时也要重视法律这一内容,强化对学生英美法知识和英美法律文化的灌输,避免培养出高分高能却难以在实务中应对实际问题的半吊子学生。学生只单纯掌握了法律英语的语音、术语和语法知识,拥有了所谓的实务能力,但实际上却对英美国家的法律文化缺乏系统科学的了解,没有构建出科学系统的英美国家法律知识体系,学生也很难做到得体地运用法律英语知识进行相关的涉外法律实务活动,或从事正式的重要的涉外法律事务。

三、"新文科"建设对法律英语
发展提出的新要求

教育部"新文科"建设工作组组长樊丽明教授指出,建设"新文科"的核心要义是"立足新时代,回应新需求,促进文科融合化、时代性、中国化、国际化,引领人文社科新发展,服务人的现代化新目标"。也有学者认为,"新文科"建设意味着从分科治学走向学科交叉,或曰从分科治学走向科际融合,甚至产生一些新生

---

① 姜芳、张法连:《新时代大学法律英语教学目的和任务探究——〈大学法律英语教学大纲〉解读》,《辽宁师范大学学报(社会科学版)》2020年第5期。

的文科门类,而新文科是在一定程度上能反映、呈现和包含中国经验、中国材料、中国数据的文科。法律英语是英语为体,法律为魂的交叉学科。① 从两位对新文科的理解上分析,法律英语是新文科的典型代表:(1) 法律英语是立足改革开放的大背景下,以为社会供应急需的涉外法律人才为任务的教学课程,具有鲜明的时代特色;(2) 法律英语是法律与英语的交叉结合,是国内为适应改革开放发展做出的教学尝试,以培养中式涉外法律人才为目标,具有鲜明的中国特色。那新文科建设对法律英语发展有什么指导和推动作用呢? 法律英语如今应以《大纲》为本,充分发挥自身新文科性质的优势,立足时代大背景,闯出具有中国特色的系统的教学模式,以培养符合中国涉外法律事务要求和时代发展要求的卓越涉外法律实务人才。以下论述就发挥新文科自身优势的方面对法律英语的发展进行展望。

(一) 以法律实务为中心,注重实践教学

如《大纲》所规定的,法律英语应以法律实务为落脚点对学习者进行注重实践的培训。新文科建设要求具有自身特色的学科应发挥课程本身所具备的独特优势。法律英语作为英语与法律的交叉学科,应将教学侧重点倾向与英语的输出能力培养及法律实务能力的培养。检验法律英语教学成果的最好方式就是检验学习者的输出能力。单纯的应试教育只会培养出高分低能的"理论家",难以培养出可以胜任涉外法律实务,解决法律翻译和涉外法律实际案件问题的"实干家"。英语专业教学向来注重学生的英语输出能力,从输入到输出是英语学习的重点,也是英语学习的难点。如果缺乏实务的培训,就会出现在实际交流中难以真正准确把握和理解对方传达出的信息,也不可能准确地传达出自己所要表达的信息,准确的交流也便无从谈起。法律专业教学注重学生的知识积累和运用能力,单纯地记忆了大量的法律知识和思想却无法灵活运用,是法学生最大的硬伤,即便通过了司法职业资格考试,也无法胜任法律一线岗位的案例比比皆是。所有英语和法律两门科目都注重实践能力的培养,书本功夫要下足,但却不是教

---

① 王学典:《何谓"新文科"》,《中华读书报》2020 年 6 月 3 日。

学的全部,只是教学的起点,真正教学的落脚点应是学习者对相关知识的运用能力,运用能力的培养则要依赖于大量的练习和实践。故实践应是法律英语教学中的关键一环,是决定法律英语教学成败的关键。具体而言,法律英语要注重培养学生法律文本翻译的能力,让学生具备英语法律文书的写作能力;要注重学生法律英语口语的听说能力,让学生具备英语环境下法律实务内容流畅准确交流的能力;要注重学生英美法律文化的融会贯通学习,让学生具备准确无误运用所学知识,正视中外法律文化差异,避免误会的能力。

(二)以信息化资源为题材,注重教学资源整合

新文科的另一大优势是对文科学习资源的整合。传统文科的学习资源局限性过大,教学和学习都被局限在小范围内,这不利于文科教学的"破圈"。法律英语的本身就是一门交流课程,是一门与时代和社会紧密联系的科目,教学资源的时效性和普遍性对教学具有重要的意义。过时的教学资源很难对教学起到积极作用,不够系统化和全面的教学资源也影响到教学的科学普遍性。当法律英语因教学资源局限在学习过时的法律英语知识,或者接受不全面的部分的片段的法律英语知识时,势必会影响学生系统化英美法律知识体系的构建,也不利于学生实务能力的培养。信息化时代,新文科的优势便是资源信息化,法律英语的资源便不应只局限于某些过时的片段化的文本资料。通过网络信息手段,获取新颖的全面系统的教学资源便是法律英语教学的基础。通过便利的信息收集和整合,实现法律英语教学资源的系统化构建和整合,这将极大地推进法律英语教学模式的改革和创新发展。帮助法律英语发挥自身新文科优势,培养出知识构建系统化、业务能力硬的涉外法律实务人才。

四、结 语

法律英语作为新文科的代表科目,应该认清自身新文科的性质定位,深刻思考自身作为新文科的特色和优势,扬长避短,抓住新文科发展的机遇,将法律与

英语教学融会贯通,以实践教学为基点,以涉外法律实务为落脚点,探索出科学系统的发展方式,兼顾教学效率和教学质量,为新时代中国的改革开放和法制建设培养一批优秀的涉外法律人才,同时,法律英语的创新发展应帮助促进其他新文科课程的发展,为新文科的创新发展提供宝贵的经验。

一例大学生高自杀倾向
成功干预的案例分析

周占军[*]

内容摘要：近年来，大学生自杀现象在高校频繁发生，引起了社会的广泛关注和重视。高校大学生高自杀倾向干预有其特殊性，对本案例的成功干预过程，体现了对大学生进行高自杀倾向干预的原则和技巧。对大学生进行高自杀倾向干预的过程中，学校要坚持实事求是的原则，从客观事实出发，勇于承担责任；强调家庭与学校的合作，形成教育合力；建立早发现、早干预的预警机制。

关键词：大学生高自杀倾向；干预

近年来，由于心理问题而导致的高校大学生自杀事件层出不穷，给高校的学生管理工作、健康教育工作带来了巨大的挑战。大学生自杀事件的频繁发生，层出不穷，也引起了全社会的高度关注和重视。由于自杀是一个复杂的问题，预防自杀需要社会众多部门、各相关专业之间的协调与合作，但在高校里面还没有形成一个全面且完善的自杀预防干预系统。笔者结合遇到的一起真实案例，对大学生高自杀倾向成功干预的过程进行了分析和探讨，以及对此类问题进行及时、成功干预提出了现阶段可行的方法和建议，帮助有高自杀倾向的大学生走出自杀阴影，积极主动地采取措施克服生活和学习中的压力。

---

[*] 作者简介：周占军，上海政法学院语言文化学院。

一、案例基本资料

(一) 患者基本情况

王涛(化名),男,20岁,上海市浦东新区人,体格较瘦,留长发,外语学院英语专业本科大二在读学生。

(二) 患者背景资料

既往史:无严重疾病。

家族史:父亲和母亲无精神病史。

家庭情况:父亲是普通公司职员,母亲是小学教师,家庭经济条件较好。父母感情良好,但是由于都是双职工,对孩子的教育问题关心不多,主要是由爷爷奶奶照顾,上网打游戏较多。

个人史:高三下学期,连续6个月出现幻听现象,认为同学说话时总感到是在说自己,有时感到周围人看自己的眼光都不同。对此,王涛时常感到心情沮丧,甚至出现想要杀同学的念头,该念头有时持续数小时。后经上海市精神卫院诊断,属于强迫观念,复发性抑郁障碍,即给予药物治疗,同时进行心理疏导。进入大学后,大一第一学期王涛学习、生活都基本正常,也受到了老师和同学们的喜欢。大一下学期,由于受新冠疫情影响,学生都在家上网课,并未听到有什么不正常反映。在大二开学时的军训期间,由于王涛表现积极还被评为"军训优秀学员"。但从大二学年第一学期开始,逐渐表现出较多的情绪问题、行为问题,开始受到老师、同学的关注。

(三) 患者外在表现

患者的情况主要由几个同专业与王涛私交较好的同学和心理委员上报辅

导员。

据反映,进入大学后,王涛与几个同专业学生交情较好,表现出积极热情,积极开朗,受同学欢迎,遵守规矩的一面。但在大二第一学期,王涛对一女生表白被拒,相关几个同学慢慢与他疏远,他开始逐渐心理失衡。饮食不规律,厌食,经常打游戏到很晚,身体快速消瘦。2021年2月22日中午,寒假在家期间,王涛在网络上表示有自杀意愿,并付诸实施,被同学得知后立即打电话报警并同时联系辅导员,辅导员第一时间联系家长,及时制止其自杀行为。本学期开学后,3月4日下午在下课时,王涛实然跑到窗户前,打开窗户,在一条腿跨出窗户时,被同班同学及时制止。回家休息四周后,经同意再次返回学校学习。他曾给那几个私交较好同学发消息"很高兴看到你们很好,如果需要我死的话就说,没有问题的"。

王涛对自己的心理状况有着一定的认识,但是他自己说就是无法控制住自己。他不害怕自己的情况被老师、同学知道,愿意配合进行药物治疗,也愿意到学校心理咨询中心求助,只要他能继续待在学校上学就行。

二、干 预 措 施

根据实际情况分析,由于王涛长期的饮食不规律,厌食,睡眠不足,最主要的是感情问题难以解决,加上身体虚弱等原因,导致他一个月内连续出现了两次自杀未遂,王涛的心理问题一直有加重、加剧的趋势。鉴于他不排斥去上海市精神卫生中心看病,学校召开了学工部、学院学生工作办公室、心理咨询中心专题会议,确定了由学工部副部长为组长,心理咨询中心负责人、学院总支副书记为副组长,辅导员、班级心理委员等为组员的危机干预小组,针对该生情况进行讨论研究后,制订了一套具有较强操作性的方案。

(一) 本案例干预基本原则

一是实事求是原则。由于王涛已有两次自杀未遂,属于高自杀倾向者,再次自杀可能性极高。学校无法保证他在校不发生意外,也承担不起学生自杀的后果。

二是安全原则。在可预见的范围内确保王涛不发生意外。

三是隐性与公开原则。在不增加其额外压力下,干预措施在知情和不知情的情况下同时逐步深入。

(二) 具体干预措施

1. 尊重客观事实,实事求是处理

鉴于王涛一个月来已有连续两次自杀未遂,再次实施第三次自杀的可能性极高。为保护学生本人,也为保护学校声誉,学院向王涛家长下发了安全责任预警通知书。学院认为:鉴于以上事实,王涛不适合继续在校学习,应至少休学半年在家休养,待身体完全康复后再返校继续学习。但家长则认为王涛继续在校学习会对他的康复有积极帮助,并拿出上海市精神卫生中心建议恢复学校生活的相关证明。但考虑到王涛在校期间有可能发生自杀行为,家长签署了免责声明,承诺在校学习期间,王涛发生个人自杀行为,无论何种后果,皆由家长和学生本人全部承担,与学校、学校教师和其他学生无任何关系。

签署这份免责声明,并不是学校要推卸责任,而是让家长明白继续在校学习有可能带来的后果,以免家长把问题推给学校而不管不问。学校辅导员同时管理着差不多 200 名学生,也不可能整天把全部精力都放在一个学生身上。学校的底线是无论任何时候都要把学生的生命安全放在第一位,其次才是学习。只有家庭、学校互相配合,并多替对方着想,为对方减轻思想负担,才能更好地处理学生问题。

2. 安全保证措施

大二第二学期开学时,王涛家长就在学校对面小区租了一套房子,晚上由王涛父亲陪住。白天由王涛爷爷奶奶做饭,从生活和饮食上改善他的体质。

辅导员同意与他关系要好的同学搬出学校与王涛同住,保证在其上学路上

有人陪同,租房费用王涛家长愿意承担。

3. 保密例外与知情同意问题处理

对于重度抑郁发作等有"高自杀倾向"大学生需要果断实施保密例外,这也是高校学生管理工作的要求。对于实施保密例外之前,都会遇到"是否要告知"这样一个两难的问题。一是害怕如果告知要实施保密例外,大多数有"高自杀倾向"者由于人格和心理问题的特殊性,都会产生强烈的抵触情绪,甚至会拒绝配合以后的干预工作。二是在不告知的情况下强行实施保密例外,则会对干预工作产生不良后果。因此,让"高自杀倾向"者知情同意保密例外,则是对成功干预的巨大帮助。

本例中,在王涛返校学习之前,辅导员即与他沟通,保证他的生命安全,是学校、家长当前最关心的问题。在无法确保他能更安全地在校学习生活之前,学校无法答应让他回校学习。辅导员既是高校教育工作者,也是学生管理工作者,尽管必须尊重学生的隐私,但为防止意外发生,至少学生上课的教师须是知情人。同时,为了能及时、有效防止意外发生,部分与他关系较好的同学也应是知情人。对于这个保密问题,经过沟通,王涛本人、父母都认可保密例外条款。这也为王涛第二次在教室开窗欲自杀时被同学发现并及时制止提供了可能。

(三) 干预方式

1. 家长干预

经与王涛和家长协商,王涛第二次返校学习前两周内,由家长到校陪读,进教室或不进教室都行,都是在王涛知道的情况下进行。同时家长给王涛准备随身携带的药品袋,确保他能及时、按时、有需要即服药,以免因无法按时服药而产生自杀念头发生意外。

2. 专家干预

经与校心理咨询中心协调,每周五下午王涛都去心理咨询中心进行咨询。

一开始,由辅导员陪同送到心理咨询中心,到后来王涛慢慢变好,自己主动去进行咨询。

3. 任课教师干预

由于学校学生上课实行选课制,每次课都会与不同的学生、在不同的教室一起上。因此,保密例外原则也不能让所有与他一起上课学生都知道,只能是每节课确定两名同专业、关系较好同学照看一下。对于每节课的任课教师,辅导员都实施了保密例外原则,把王涛的情况及注意事项都告知了每一位任课教师,并留下辅导员的联系方式,遇到任何问题都请任课教师及时联系。在后面的教学过程中,有三位教师都是在课堂上紧急联系辅导员到现场处理突发紧急情况,保证了及时有效的干预。

4. 同学干预

事实证明,同学是防止大学生自杀最得力的帮手。王涛两次自杀未遂,都是被同学及时发现、及时制止而获得了成功,因此发动关系较好学生进行干预是预防大学生自杀最有效的方法。问题在于学生在校学习,进行的是选课制,每次上课的同班同学都不一样,由此得让较多的学生进行干预。对于本案例,辅导员在经王涛和家长同意后,对他同专业同学实施了保密例外,就是希望能有更多的学生能够在关键时刻关注到他的一举一动,以防不测。

经过这半年的干预之后,王涛学习生活渐渐进入了正轨,期末考试基本通过(除体育课外),和班上另外一名女生谈起了恋爱,一切都逐渐变得正常起来。现在,辅导员、任课教师和同学都不再过多关注他。

三、干预成功的经验总结

辅导员对学生的日常管理与专业的心理咨询有着极大的差别,辅导员日常工作主要是承担管理者的角色,辅导员对自己所带学生的心理辅导一直都具有其特殊性。从上述成功干预案例中,我们认为有这样几点是值得总结的:

(一) 要坚持实事求是的原则,一切从客观事实出发,勇于承担责任

就本案例而言,当学校知道王涛有"高自杀倾向"时,可以采取拒绝他返校,建议休学回家治疗直到市精神卫院出具证明其完全康复为止的做法,这样要简单和省事得多。但是我们同时也清醒地认识到,一旦拒绝他返校学习,其父母工作上班时,王涛独自在家,可能会更加增添他心理压力和负担,后果将会不堪设想。经过多次研究,学校舍弃了这种想法,同意其家长和学生本人返校学习的要求,决定在学校环境中给予干预。但是考虑到学校的难处,本着实事求是的精神,让学生家长签署了免责声明,减轻了学校的后顾之忧。与此同时,期间采用了先期家长陪读再到暗中保护,任课老师课堂关注,从每周固定陪同去校心理咨询中心到自行前去等都需要老师更多的付出。此案例证明,只要做到实事求是,干预、预防措施得当,具有"高自杀倾向"的学生也是可以慢慢好转的。学校辅导员应在大学生心理健康教育和管理工作方面充满信心,努力提高大学生心理危机的处理能力,确保学生安全的情况下,尽可能在学校的环境中解决学生自杀心理问题,从而避免直接把学生推向家庭和社会,使学生承受更大的压力而造成严重后果。

(二) 强调家长与学校合作,形成教育合力

一般而言,在中小学时期,学校和家长都会非常重视相互之间的联系和沟通。到了大学,家长一般会认为,学生长大了,终于可以省心了,一般都不会重视与学校的联系和沟通,就没有形成必要的教育合力。实际情况是,学生的任何问题,都在一定程度上是其家庭问题的一个缩影,所以,教育合力对于大学生来说同等重要,尤其是对于那些有严重心理问题的学生来说就更加必要。从王涛的案例来看,家长的积极配合起到了不可替代的作用。首先是家长积极配合的态度,让学校省去了不少后顾之忧。先是在学校周边租房陪护,然后是完全接受学校的要求。同时,几乎每天都与辅导员进行交流,一有问题,都及时跟

进解决,直到孩子慢慢情绪稳定,这对消除王涛安全隐患和配合教育起了很重要的作用。

(三) 理解干预措施中"控制"的本质

"控制"是指为了确保各项计划按规定去完成而进行的监督和纠偏的过程。具体地说,"控制"就是要利用一切可利用的因素来达到成功干预的目的。在王涛案例中,我们既注重了请学生家长配合,又重视了学生朋辈的影响力对干预的作用。班级上课学生、寝室室友都积极地配合老师工作,也为最终"高自杀倾向"干预成功创造了尽可能多的条件。

(四) 建立早发现、早干预的预警机制

王涛的两次自杀未遂都是被同班同学及时发现报警,联系辅导员及家长,及时制止了他的自杀行为,使得后续的干预措施能顺利进行。如果王涛的两次自杀行为没有被及时发现,后果将不堪设想。因此,建立早发现、早干预的预警机制,是成功干预此类大学生自杀问题的必要前提。

参考文献

[1] 胡庆庆:《大学生自杀心理案例分析一例》,《校园心理》2011年第3期。

[2] 邢利芳:《我国大学生自杀现象的原因、影响因素与干预措施》,《中国学校卫生》2004年第4期。

[3] 吴玉强:《大学生自杀心理危机干预的案例分析》,《中国电力教育》2008年5月(上)。

[4] 杨惠琴、翟瑞:《大学生中的自杀行为的内外因素分析》,《高教研究:西南科技大学学报》2007年第2期。

[5] 李永慧:《高校心理危机干预中的伦理困境及应对策略》,《思想理论教育》2016年。

[6] 姚斌:《高校心理咨询的界限:法律与伦理的维度》,《思想理论教育》2018年第5期。

[7] 田志鹏、朱佳隽、吴威:《"高自杀风险"大学生认同保密例外的说服策略》,《林区教学》2021年第2期。

［8］闵绪国:《大学生自杀及其预防》,《内蒙古电大学刊》2006 年第 4 期。
［9］厉芳红、戴王磊:《4 325 名女大学生自杀因素的调查分析》,《实用预防医学》2007 年第 6 期。

汉语学习词典中的中国形象建构

——以《商务馆学汉语词典》为例

翁晓玲*

内容摘要：汉语学习词典既是学习汉语的显性工具书,也是外国人了解中国的隐形窗口,因此,在解词释义的过程中,也承担着中国国家形象建构的重任。本文选取《商务馆学汉语词典》为研究对象,从听者、言者、说什么、怎么说以及怎么说好五个方面探讨对外汉语学习词典中的中国国家形象建构问题。以词典微观结构中的示例为例,运用关键词分析法,对示例所呈现的国家形象类型进行分类,进而对这些国家形象类型进行色彩分析,以期建立起汉语学习词典中的中国形象多元建构。

关键词：汉语学习词典;中国形象;《商务馆学汉语词典》;示例

中国国家形象的建构与传播是近年来诸多学者所关注的热点话题,关注的焦点包括国家形象的内涵与外延、载体、构成、传播路径、影响因子、困境及应对等等,有较为宏观的理论阐述,也有微观的构成研究。研究领域呈现跨学科特点。国家形象建构,不仅仅是政府行为,也不仅仅是意识形态问题,它具有很多面向。国家形象的问题,不仅是政治性的、经济性的、传播性的,也是语言性的。一切言语行为都是修辞行为,一旦出现了语言叙述,也就出现了修辞问题。[①] 而

---

* 作者简介：翁晓玲,上海政法学院语言文化学院副教授,研究方向：词典学、修辞学与汉语国际教育。
① 胡范铸：《作为修辞问题的国家形象传播》,《华东师范大学学报(哲社版)》2010年第6期。

国家形象并不限于外交领域，一个国家形象的叙述者也不仅仅是国家元首与政府官员，还应包括公共领域的新闻媒体工作者、文艺工作者等，乃至每一位普通公民。在对外汉语教学领域，汉语国际传播与国家形象建构密切相关。国家形象修辞的叙述者除了相关工作的组织者、教师以外，还包括教材编者、学习词典的编者。而主要"听者"则是广大的留学生群体。

本文以《商务馆学汉语词典》为例，从汉语学习词典角度浅析其中的国家形象建构问题。而词典中的国家形象建构，和意识形态相关，也和编者的主体意识相关。一部词典往往通过宏观结构的总体设计、微观结构的释义与示例等来体现编者意识。国家形象修辞同样是通过词典编者的"叙述方式"来表达，而这种叙述由于词典本身的性质带有一种客观冷静的"权威性"力量，"隐藏"了编者的主体意识。

而在词典中最能体现这种叙述方式的是丰富的示例。从释义的角度来看，词典示例为学习者提供词语使用的具体语境，指示词语的释义与用法，它属于言语层面；另一方面，汉语学习词典中的示例又是展现国家形象的一个隐形窗口，学习者可以通过这些示例，既了解词语的意义、用法的同时，又能加深对中国的了解，建构起中国的形象认知，包括传统的中国与现代的中国。本文立足《商务馆学汉语词典》的示例分析，管中窥豹，观察汉语学习词典中的国家形象塑造。

一、"国家形象"界定

《现代汉语词典》对"形象"的界定如下："能引起人的思想或感情活动的具体形态或姿态"[①]，因此"国家形象"必然也能引起人的思想或感情活动，并且具备某种具体形态或姿态。前者指向国家形象的功能，后者指向国家形象的内涵。不同学者对国家形象的界定侧重点不同，如以孙有中为代表，认为国家形象"是一国内部公众和外部公众对该国政治、经济、社会、文化与地理等方面状况的认识与评价"，国家形象又可分为国内形象与国际形象。他指出，国家形象不能简

---

① 中国社科院语言研究所词典编辑室：《现代汉语词典》，商务印书馆2017年版，第1468页。

单地等同于一国之综合实力。①

而对国家形象的内部构成要素,多数学者均普遍认为国家形象具有多元构成,可呈现为政治形象、经济形象、文化形象等。如段鹏认为,国家形象由国家实体形象、国家虚拟形象、公众认知形象三部分构成。② 范红从"形象"的客观性与主观性角度对国家形象进行逻辑思考,认为国家形象具有多元构成,塑造国家形象可从国家形象标识、国情介绍、政府形象、企业形象、城市形象、历史形象、文化形象和国民素质八个重要维度。③

这些学者对国家形象外延的界定各异,但在内涵理解上,都倾向于认为国家形象涉及认知主体的主观态度与评价。胡范铸认为国家形象不仅具有直接呈现性,还是主体性的,同时也是主体间性的。这时的国家形象不仅意味着"对话",意味着"自我定位",更意味着"自我认知"与"他们对我的期望内在化"的统一。④ 而对外汉语学习词典中的国家形象同样也是一个词典编者博弈性地运用自己的资源,运用留学生容易理解、可能认同的语言,真实地叙述,实现自己语言意图的过程。

本文对词典示例中国家形象的塑造同样基于对国家形象类型的分析,而不同的国家形象类型呈现出来的中国面貌也必然不同。历史学家阿诺德·约瑟夫·汤因比把人类文化分为器物文化、制度文化、观念文化三个层次⑤,本文对汉语学习词典中国家形象的分析也是基于这样的认识,将从"物质中国""制度中国"与"观念中国"三个层面展开。首先,利用语料库,运用关键词分析法对《商务馆学汉语词典》中的示例进行检索,以"中国"为关键词检索项,共搜索出词目530条。其中,剔除不涉及国家形象塑造的词目,比如在"刚来中国的时候,不免有些不习惯""你的中国话说得不错嘛"这样的示例中,"中国"只是作为普通地名出现,不涉及中国形象塑造,剔除掉这些词目,查找出有效词目394条。进而对这些形象进行类型分类,分出政治、经济、文化、物产、历史、地理等类型,并对这

---

① 孙有中:《国家形象的内涵及其功能》,《国际论坛》2002年第3期。
② 参见段鹏:《国家形象建构中的传播策略》,中国传媒大学出版社2007年版。
③ 范红:《国家形象的多维塑造与传播策略》,《清华大学学报(哲社版)》2013年第2期。
④ 胡范铸:《作为修辞问题的国家形象传播》,《华东师范大学学报(哲社版)》2010年第6期。
⑤ 黄忠敬等:《他者镜像与自我建构——中国基础教育的异域形象(1978—2008)》,教育科学出版社2011年版,第4页。

些形象进行色彩分析，进一步细分出正面形象、中性形象与负面形象。从分析结果来看，正面形象147条，中性形象234条，负面形象仅13条。负面形象中有5条为历史形象塑造，如"历史上，中国人民遭受过很多痛苦。""腐败的清政府把中国的大片土地割给了外国侵略者。""鸦片毒害过很多中国人。"另外几条涉及经济领域、语言文字领域、人口领域等。如："人口过多制约了中国经济的发展。""二十多年前中国大陆才开始有了超级市场。"尽管这些示例中呈现的中国形象较为负面，但基本上均陈述了一种客观事实，体现了词典编者客观冷静的"权威"力量。

二、汉语学习词典中的"物质中国"形象建构

　　物质中国，是对中国形象塑造的第一个层次，它涵盖了中国的经济、物产、气候、地理、资源、名胜、国民生活等方方面面的形象符号，也是外国人了解中国的第一步，是他们最直观的印象，属于浅层次的形象塑造。

　　394个词条中涉及"物质中国"形象塑造的示例有半数之多，达177条。其中，占最大比例的是地理形象（44条）、物产（42条）和经济形象（37条）。这些形象符号为我们大体描述出中国的自然资源与社会物质资源。从色彩上看，地理形象符号多为中性形象，物产与经济形象符号多为正面形象。

（一）地理形象

　　地理形象是了解中国国情的第一步，如词目"北"的示例是"中国从北到南有5 500公里"。又如：

　　［东部］上海在中国的东部。
　　［东南］台湾省位于中国的东南部。
　　［河流］中国南方有很多河流。

［位于］中国位于亚洲的东部。

从色彩上看，这些地理形象符号均为中性形象，属于客观叙述。通过这些示例，希望留学生在理解词义的同时，能对中国的基本国情、国土资源有一定的认识。

当然，地理形象中也不乏积极正面的形象塑造，这样的示例也有 9 条，如：

［名城］杭州是中国的文化名城。
［领海］中国有广阔的海岸线，因此领海范围也很广。
［高原］世界最高的高原在中国。
［东南］中国东南沿海地区的交通便利，经济也比较发达。

（二）物产形象

物产形象主要介绍中国的物产资源，包括自然资源、社会资源、文化资源等。比如，蚕丝、茶叶、瓷器、棉花、橘子、大熊猫、扬子鳄、钢、矿产、四大发明等。42 条物产形象塑造中，25 条为正面形象，如：

［蚕丝］中国是蚕丝大国。
［储藏量］中国山西省煤的储藏量很大。
［鳄］中国的扬子鳄是非常有名的。

15 条中性形象，如：

［人参］中国东北产人参。
［出产］中国南方出产茶叶。

可见，词典编者对于中国的物产形象介绍得不遗余力。

（三）经济形象

词典对中国经济形象的塑造主要以积极正面为主，35 条中 28 条为正面形象，4 条中性形象，3 条负面形象。正面形象所使用的形象符号如"高速发展""健康地发展""发展很快""力量增强"等，其中，"改革开放"与"经济"并提的也多次出现，这些都是中国改革开放以来的社会环境对于编者意识形态的反映。如：

［从而］中国实行了改革开放的政策，从而出现了高速发展的经济。
［崛起］中国经济的崛起引起世界的关注。

中性形象的如：

［下降］今年，中国的家电产品价格都下降了。
［引进］改革开放以来，中国引进了不少国外资金和技术。

负面形象的如：

［扶持］中国西部的经济建设需要政府的扶持。
［制约］人口过多制约了中国经济的发展。

中性形象与负面形象基本上都是从当前中国经济状况的某一具体面介入，依然属于比较客观的叙述。另外，这些形象符号的运用也受到词条收词的影响，比如"下降""扶持""制约"这样的词条本身就含有较为消极的语义特征。

除以上三个比较典型的物质形象符号外，词典中对于"物质中国"的形象塑造还围绕中国的气候条件、地区特色、交通状况、工农业发展现状等基本的社会面貌而展开。尽管这些形象符号出现的次数不多，1～10 条，如：

［体系］中国已经形成了自己的工业体系。

［驰名］中国的万里长城世界驰名。

值得一提的是，在建筑名胜的形象符号中，"长城"出现的频率很多，12条中出现了6次，其次是"故宫"，也出现了4次。它们也都属于传统中国的形象符号。

三、汉语学习词典中的"制度中国"形象建构

制度中国，是对中国政治制度、法律制度、行政区划、军事制度、宗教、民族政策等方面的形象符号。它们为词典学习者展示了中国是个什么样的国家，各个方面的体制是什么样的，以及由此所呈现出来的社会面貌。《商务馆学汉语词典》在"制度中国"的形象塑造中更多的是围绕政治形象与历史形象，其中政治形象塑造达35条之多，历史形象也有15条，其他形象也多有涉及，如军事、法律、宗教、民族、行政区划等，但总体条数不多，3~6条。

（一）政治形象

在政治形象塑造中，多数都以中性形象为主，有29条之多，占83%。这体现了词典编者"去政治化"的意识，也是对外汉语教师的基本职业素养之一。这些政治形象符号包括对中国基本的政治制度概括的介绍，如：

［共产党］中国共产党成立于1921年7月1日。
［简称］中华人民共和国简称中国。
［外交］中国的外交政策没有改变。
［行政］中国的国务院是国家最高行政机构。

也有一些常见的政治性表述，如：

［外交部］中国外交部举行了记者招待会。
［照会］中国驻该国大使昨天向该国外交部递交了一份照会。

当然,也有一些政治主权的宣誓,如:

［众所周知］众所周知,台湾是中国领土不可分割的一部分。
［主权］中国已经对香港和澳门恢复行使主权。

在35条政治形象符号中,有3条是中国政府形象,分别是:

［领导］中国政府正在领导中国人民实现现代化。
［人权］中国政府发表的《中国人权的状况》,你看过吗?

司:中国政府机关中,部以下是司(局),司以下是处,处以下是科。
尽管对于中国政府的直接形象符号不多,但从有限的3条词目中,不仅能让词典学习者了解中国的行政制度,也能看到较为积极正面的政府形象。

(二) 历史形象

历史形象主要指向传统中国,在历史形象塑造过程中通常会出现的高频词包括"历史""古代"等,如:

来:中国近百年来的历史很有研究价值

［近代］中国近代历史从1840年到1919年。
［皇帝］中国的第一个皇帝是秦始皇|1924年中国最后一个皇帝被赶出皇宫。

在历史形象塑造中,词典编者秉承尊重历史的原则,有正面、中性形象符号,也有负面形象符号,如上文提及的"历史上,中国人民遭受过很多痛苦。""腐败的清政府把中国的大片土地割给了外国侵略者。""鸦片毒害过很多中国人。"

(三) 其他形象

关于"制度中国"的其他形象塑造总体来说还是比较薄弱的。有法律形象的如：

[法制] 中国新制定了一系列的法律,法制更健全了。
[律师] 随着中国法律制度越来越完善,请律师的人越来越多了。
[未成年] 中国有未成年人保护法。

有军事形象的,如：

[将官] 在中国的军队里,将官分上将、中将、少(shao)将三等。
[校官] 在中国的军队里,校官分大校、上校、中校、少(shao)校四等。
[武装] 中国人民解放军是人民的武装。

总体来说,中国的军事形象主要是围绕中国的军队建制。

四、汉语学习词典中的"观念中国"形象建构

观念中国,主要包括对中国的文化形象、国民的道德观念、生活习惯、节日习俗等方面的形象符号,属于国家形象塑造的较深层次。

李童在述及海外中国形象的三大困境时提到,在世界大国的崛起过程中,以文化维度来塑造国家形象,是一个已被证明的普遍规律。[①] 然后我国在塑造中

---

① 李童：《海外中国形象面临三种困境》,《决策》2009 年第 3 期。

国的文化形象时普遍出现的一个问题在于传统文化过度传播,现代中国形象输出不足,进而形成了对于文化中国、观念中国的一些"刻板印象"。因此,在"观念中国"的形象塑造中,中国的文化形象塑造无疑是最为关键的一环,从文化形象出发进一步辐射到中国人的一些基本观念、生活习俗等。

而文化形象所涵盖的内容要素亦十分广泛,包括中国传统的节日、习俗、文学艺术表现形式等,也包括现代中国的生活习惯、思想道德观念、文学艺术表现形式等等,在《商务馆学汉语词典》中这样的词条超过100条。以下,我们将从"传统观念中国"形象塑造与"现代观念中国"形象塑造两个维度出发进行介绍。

(一) 传统观念中国形象

在词典中明确涉及传统中国形象符号的示例有50条,其中绝大多数均为文化形象符号。

1. 传统节日、习俗类形象符号

对于传统节日的介绍达20条之多,基本上介绍的是节日的时间、习俗,如:

[鞭炮] 中国人过春节时喜欢放鞭炮。
[端午节] 端午节的时候中国人有吃粽子的风俗。
[习俗] 除夕夜吃饺子是中国人的习俗。

从对传统节日的介绍来看,其形象符号基本为浅层的民俗文化符号。

2. 传统文艺、教育类形象符号

近10条左右,包括文化名人形象、文学艺术形式等,如:

[贬低] 孔子在中国历史上的作用不能贬低。
[论语] 2 000多年来,《论语》对中国的政治、思想、教育等影响很大。
[砚台] 砚台在中国的古代是一种重要的文具。

3. 传统观念、道德类形象符号

有10条左右。

有古人传统观念形象塑造的,如:

[龙]在古代中国,龙被认为是最高权力的象征。
[器官]中国古代的人以为心是思维的器官。

也有道德观念形象塑造的,这类的形象塑造多以积极正面为主,其出现的高频词搭配为"传统美德",如:

[固有]尊老爱幼是我们民族固有的传统美德。
[美德]尊敬老师是中国的传统美德。
[谦虚]中国人一直认为谦虚是一种美德。

(二)现代观念中国形象

关于现代观念中国的形象塑造在词典中也有近50条,但涉及的面比较散,比较集中有饮食文化形象符号、教育文艺类形象符号和思想观念类形象符号。

1. 饮食文化形象符号

有9条。

有饮食习惯描述的,如:

[淀粉]中国人的饮食结构以淀粉为主。
[筷子]中国人吃饭习惯用筷子。
[牛油]中国人一般不吃牛油。

也有对中国菜的评价的,也多以正面评价为主,如:

[好吃] 中国菜真好吃。
[酷爱] 不少外国人酷爱吃中国菜。
[胃口] 我喜欢吃中国菜,一看到中国菜就胃口大开。

2. 教育文艺类形象符号

教育类的形象符号多数都用于描述中国教育事业的发展,特别是汉语国际教育事业的发展现状,也均是正面形象,如:

[教育] 最近几年,中国的留学生教育有了很大发展。
[剧增] 近几年,来中国学汉语的留学生人数剧增。

文艺类形象符号有11条左右,有评述性的,也有客观叙述性的,如:

[丰收] 今年是中国电影艺术创作的丰收年。
[民间] 中国的民间艺术非常丰富。
[民乐] 许多留学生想学习中国的民乐。
[杂技] 昨天晚上中国杂技团在我们学校表演了精彩的杂技节目。

但总体来说,整体形象塑造也是较为模糊的。

3. 思想观念类形象符号

思想观念类形象符号有12条左右,这些观念有从古代传承至今的,也有现代中国人习惯的,它们均从侧面勾勒出现代中国的面貌。如:

[大拇指] 中国人喜欢伸出大拇指表示称赞。
[接吻] 中国人不习惯在公共场所接吻。
[梅花] 在中国,梅花象征着高尚的品质。

［小费］一般的中国人还不太习惯给服务员小费。

［钟］中国人送礼的时候不能给别人送钟,因为"送钟"和"送终"发音一样,后者表示死亡的意思。

五、结　语

基于上述考察,对于《商务馆学汉语词典》中的中国形象建构,我们可以得出以下结论:(1)词典中的中国形象建构比例失衡,重物质文化形象塑造,轻制度文化与观念文化形象塑造。(2)同一层级文化内部形象建构亦分布不均,比如制度中国方面,政治形象塑造较多,而历史形象及其他领域形象塑造较少。(3)仍有负面形象建构,尽管与词目词的消极语义有关,但这种形象建构不是不能消解的。

总体上来说,对外汉语学习词典作为对外汉语教学的辅助性工具,也是对外汉语传播过程中国家形象塑造的一个有力的"表达工具",学习词典的编者是国家形象传播中的"言者",词典使用者是国家形象传播中的"听者",而词典的示例则是国家形象塑造的表现形态之一,指示着"说什么"与"怎么说"。从对《商务馆学汉语》词典示例的考察中,我们发现,在"说什么"的问题上,尽管词典的面向较为丰富,内容可涵盖物质中国、制度中国、观念中国等三个层面,从政治、经济、历史、地理、文化、物产等多个方面展开,但在"怎么说"的问题上,我们仍然发现在这些形象塑造过程中,浅层的形象符号多,深层的形象符号少,传统的符号多,现代的符号少。而这应该也是汉语国际教育的一大诟病。许多学者,如叶淑兰[1]、范晓玲[2]等,在对留学生、海外华侨、外国人对中国形象的认知调查中均发现了这一问题,即许多外国人,包括留学生对中国的印象仍停留在传统历史、文化民俗形象上,对现代中国知之甚少,甚至一无所知。尽管词典编者在示例中作了一些努力,但仍然不够。诚然,汉语学习词典在国家形象建构中会受到词典收词情况的制约,但作为一部学习型的工具书,词典在展现更为多元的中国形象上,特别是现代中国的形象塑造上仍有无限的可能。

---

[1] 叶淑兰:《镜像中国:上海外国留学生的中国形象认知》,《社会科学》2013年第9期。
[2] 范晓玲:《哈萨克斯坦主流网络媒体中的中国形象》,《新疆社科论坛》2016年第5期。

翻译与文化研究

上合组织多语种翻译体系构建中的跨文化人才培养策略探究[①]

刘 亮[*]

内容摘要：语言是"一带一路"倡议和上海合作组织互联互通的重要桥梁和纽带，多元文化下的多语种翻译是推进上海合作组织成员国、观察员国和对话伙伴国多边合作的现实需求，既符合相互关系准则，又是语言服务、信息传播和语言安全合作的基础。在中国积极参与全球治理、构建人类命运共同体和"一带一路"建设不断推进的背景下，上海合作组织面临着语言文化多样性的机遇与挑战，多语种翻译问题也日趋明显。基于语言学和翻译学理论，要分析解决当下存在的主要问题，尤其是在英语的强势影响下，如何构建多语种翻译体系及翻译人才培养就显得格外重要。

关键词："一带一路"；上海合作组织；语言文化多样性；多语种翻译

语言不仅是人们传播和交流思想的工具，更是一种文化传统或者是一种文明的载体，甚至它自身也是这种文化和文明的一部分。上海合作组织作为一个由诸多国家、多样民族、多种宗教、繁多语言、多元文化群体共同参与建设的综合

---

* 作者简介：刘亮，上海政法学院语言文化学院，研究方向：语言学、语言国情学。

① 本文是上海政法学院校级科研项目《区域安全共同体视域下的上海合作组织语言安全与合作研究》（项目编号：2021XJ11）、上海合作组织国际司法交流合作培训基地研究基金项目《上海合作组织成员国语言政策问题研究——以印度为例》（项目编号：SHUPL18028）阶段性研究成果。

性、跨区域性合作组织①,其框架内的语言文化多样性就不言而喻了。所以,多语种翻译体系的构建及多语种翻译人才培养是推动上合组织成为国际秩序健康发展建设性力量的重要支柱。

一、构建上合组织多语种翻译体系的动因

上海合作组织成员国、观察员国和对话伙伴国的语言情况非常复杂,属于典型的跨文化交际下多语种共同使用的语言环境。仅仅官方用语就多达21种,还有很多区域语言和少数民族语言。因此,要准确了解和把握在上合组织框架内语言文化多样性的具体情况,合理分析构建多语种翻译体系的动因:主要表现在英语的强势影响下,跨区域跨文化的多语种翻译合作体系尚不完善。

(一) 英语作为强势语言的负面影响

英语作为当今世界最主要的国际通用语,具有不可替代性。也正是因为这个原因,唯英语论对构建多语种翻译体系具有很大的影响。英语作为强势语言,在上海合作组织成员国内对其他语言及多语种翻译人才的培养空间挤压严重,其他观察员国和对话伙伴国的情况也基本类似。以我国为例,英语在我国从小学至高中阶段,特别是中学阶段,几乎全部的学校选择英语作为其主要或唯一的外语必修课,而所有的大学都开设有英语专业和课程。根据英语专业学校排名,我国开设英语专业的高校已达900多所,在校生50多万人,已成为我国名副其实的第一大专业。② 同样,在声势浩大的英语学习热潮中,俄罗斯也存在着同样的情况,不管是俄罗斯教育体制内的英语基础教育和高等教育,还是俄罗斯社会的英语培训和传媒学习。③ 英语的强势影响了在上合组织框架内其他语种翻译

---

① 李琪:《构建上海合作组织人文共同体的理论内涵与实践推进》,《陕西师范大学学报(哲学社会科学版)》2021年第2期。
② 武光军:《关于新时期我国高校英语专业建设与人才培养的思考》,中国青年网教育版,2016年3月1日。
③ 李葆华:《俄罗斯英语学习现状及存在的问题》,《海外英语》2012年第4期。

人才的培养。

（二）跨区域、跨文化的多语种翻译合作体系尚不完善

跨区域、跨文化的教育合作是当代社会发展和教育国际化的必然趋势和标志。科技、教育、文化、卫生、体育、旅游是上合组织重要合作领域。[①] 上海合作组织大学作为跨区域、跨文化教育合作的平台，是最初俄罗斯总统普京在2007年8月16日的比什凯克上海合作组织元首峰会上提出的，到2012年10月11日召开的比什凯克第四次上海合作组织教育部长会议，历时五年时间，确定了上海合作组织大学的7个优先合作方向和各成员国、各方项目共建高等教育机构有79所，包括哈萨克斯坦14个，中国23个，吉尔吉斯斯坦8个，俄罗斯22个，塔吉克斯坦11个，白俄罗斯1个。[②] 在这个过程中，由于语言理解偏差的问题，导致项目建设的延后，以及未将培养跨文化多语种专业翻译人才提上日程。另外，各国参与院校在加入上海合作组织大学之前，大多以发展与英语国家的教育合作为主要方向，所在国的学生也都倾向于去英语国家学习和交流，去其他国家的学习意愿不强，也由此导致了后续翻译人才培养储备的问题。因此，"一带一路"和上海合作组织所需多语种翻译体系构建落实不到位，极大地影响了多语种翻译人才培养工作的开展。

二、上合组织多语种翻译体系构建中的问题

面对上合组织多语种翻译体系构建中的实际情况，可以从国内、国外两个方面对存在的问题加以分析：一个方面是在我国国内，对于上合组织通用语和翻

---

① 上海合作组织：《上海合作组织成员国元首理事会会议新闻公报》，http://chn.sectsco.org/news/20190614/550937.html。
② 上海合作组织：《上合组织秘书长弗拉基米尔·诺罗夫出席上海合作组织大学协调委员会首次会议》，http://chn.sectsco.org/news/20200630/660839.html。

译专业布局不合理;另外一个方面是在上合组织各成员国内高校多语种翻译人才培养体系目标及发展不一致。

（一）上合组织通用语和翻译专业在我国布局不合理

上合组织的官方语言是中文和俄文,另外还有多种区域通用语,包括哈萨克语、吉尔吉斯语、塔吉克语、乌兹别克语、印地语、乌尔都语等。目前,在我国有138所高校开设了俄语专业,在地理位置上也遍布了全国的主要高等教育地区。而其他上海合作组织的通用语开设就非常有限,不管是从专业布局,还是从地理分布上都显得较为薄弱(见表1)。可以看出,其他语种翻译人才培养严重不足,且多数布局在发达地区。另外,缺乏地方特色,高校多语种翻译人才培养不足、发展不平衡、专业布局不均,课程设置同质化等问题较为严重。这和《国家中长期教育改革和发展规划纲要2010—2020》提出的办学定位不相符,也很难办出不同层次不同区域特色的翻译专业人才。

表1 我国开设上海合作组织成员国官方语言一览表

上合组织成员国	官方语言	开设院校数量	主要代表院校
俄罗斯	俄语	138	北京外国语大学、上海外国语大学、黑龙江大学、北京师范大学、南京大学、苏州大学、浙江大学、山东大学
哈萨克斯坦	哈萨克语	4	北京外国语大学、中央民族大学、上海外国语大学、西安外国语大学
吉尔吉斯斯坦	吉尔吉斯语	1	北京外国语大学
塔吉克斯坦	塔吉克语	1	北京外国语大学
乌兹别克斯坦	乌兹别克语	3	北京外国语大学、中央民族大学、上海外国语大学
印度	印地语	8	北京外国语大学、北京大学、西安外国语大学、上海外国语大学、广东外语外贸大学、云南民族大学、中国人民解放军信息工程大学、国防科技大学

(续表)

上合组织成员国	官方语言	开设院校数量	主 要 代 表 院 校
巴基斯坦	乌尔都语	5	北京外国语大学、北京大学、西安外国语大学、广东外语外贸大学、天津外国语大学

(二) 各成员国高校多语种翻译人才培养体系目标及发展不一致

目前各成员国部分院校之间已签署了教育合作协议，并启动了学生互派工作。但由于各成员国教育水平发展极不平衡，由此导致了派出或接收学生数量和质量不平衡的现象。翻译人才培养资源分布不均衡，由于各个高校在发展定位、未来规划、学科建设等方面都各有侧重，导致了成员国间在多语种翻译体系构建和翻译人才培养等方面存在较大差距。专业的翻译人才培养事关"一带一路"倡议的实施，更是影响到上海合作组织未来发展的因素之一。伴随着"一带一路"、中国文化走出去、人才强国等国家战略的实施，对语言服务人才的需求不断加大，亟须培养一支跨语言、跨文化、跨领域，具有全球视野、熟练运用外语、通晓国际规则、精通国际谈判的专业翻译人才队伍。[①]

三、应对上合组织多语种翻译体系构建的策略

在完善上合组织多语种翻译合作机制的同时，在我国国内多渠道拓展和布局多语种翻译专业，并积极建立健全各成员国多语种翻译培养体系，是应对上合组织多语种翻译体系构建的几项重要策略。翻译人才培养是一项长期的、综合的、多方协调的复杂工作，不仅仅是双语或多语的翻译教学和学习，更是双语或

---

① 杨学义、刘雪卉：《文化"走出去"战略下的高端翻译人才培养思考》，《对外传播》2017年第3期。

者多语的跨语境下的培养,包括政治、经济、金融和文化。

(一) 多渠道拓展和布局多语种翻译专业

根据国内翻译专业布局和翻译人才的实际需求,尤其是针对上合组织区域内通用语翻译的人才培养。首先就是积极拓展国际教育合作,扩大留学生规模,促进翻译人才培养国际化、翻译语言多样化。教育部数据显示,2018年"一带一路"沿线64国来华留学生人数共计26.06万人,占总人数的52.95%。同比增幅达13.6%,高于各国平均增速。上海合作组织成员国来华留学生人数也稳步增长,巴基斯坦、印度、俄罗斯和哈萨克斯坦均进入了在华留学生生源国的前十位。其次,我国教育部还设立了"上海合作组织成员国来华留学奖学金项目",每年向成员国各提供20个,共100个来华留学奖学金名额,加强了学生和教师人才流动和翻译交流。而国家奖学金向上海合作组织国家倾斜,成为国家战略人才和翻译人才储备的重要渠道,成员国巴基斯坦、俄罗斯、哈萨克斯坦,观察员国蒙古,对话伙伴国尼泊尔都进入了2019年获得国家奖学金人数前十位的国家。再次,开展多种形式的人文交流,促进翻译知识和技能的传播。教育部举办了"上海合作组织成员国青年学生交流营""上海合作组织教育工作者汉语培训班"等活动,对汉语学习提供了教师、教材等一系列支持和服务。

(二) 完善多语种翻译人才培养合作机制

积极实施国家语言战略,借助于孔子学院和中外语言交流合作中心,联合上海合作组织大学,制订完善的多语种翻译人才培养计划。孔子学院作为"走出去"国家语言战略的重要组成部分,截至目前,全球已有162个国家(地区)设立了541所孔子学院和1 170个孔子课堂。[①] 根据国家汉办的相关数据,孔子学院/课堂分别在俄罗斯有19所/4个,哈萨克斯坦有5所,吉尔吉斯斯坦4所,乌兹别克斯坦2所,塔吉克斯坦2所,印度3所/3个,巴基斯坦5所/2个。孔子学

[①] 陈超:《孔子学院:践行〈世界文化多样性宣言〉的东方典范》,《光明日报》2020年10月27日。

院是国外了解中国文化、培养翻译人才的地方。孔子学院对于所在国的多语种翻译人才的要求是多方面的,因为在多语境的跨文化翻译实践中,涉及不同领域的不同方面的专业翻译。这就要求孔子学院作为语言文化多样性交流的平台,发挥出自己的优势和长处。

教育部在 2020 年 7 月设立了中外语言交流合作中心,是发展国际中文教育事业的专业公益教育机构,致力于为世界各国民众学习中文、了解中国提供优质的服务,尤其是为"一带一路"沿线国家、上海合作组织的中外语言交流合作、多元文化互学互鉴搭建起的友好协作的平台。语言合作中心的具体工作主要有五个方面:负责统筹建设国际中文教育资源体系,参与制定国际中文教育相关标准并组织实施;支持国际中文教师、教材、学科等建设和学术研究;组织实施国际中文教师考试、外国人中文水平系列考试,开展相关评估认定;运行国际中文教育相关品牌项目;组织开展中外语言交流、翻译合作等,为全面贯彻多语种翻译人才目标建设做好准备。

上合组织秘书长弗拉基米尔·诺罗夫指出,上海合作组织大学作为完善多语种翻译人才培养合作机制的主要平台,在为成员国经济社会发展和推进教育、科技一体化进程等优先领域培养高水平专业人才方面发挥了重要作用。[1] 截至 2019 年,上海合作组织大学项目为各成员国培养各领域急需人才的合作网络,为上合组织各领域全面合作提供人力资源保障。院校由来自上海合作组织五个成员国的 82 所院校组成,中方项目院校 20 所,涵盖 7 个专业方向:区域学、生态学、能源学、IT 技术、纳米技术、经济学和教育学。上海合作组织大学的诞生,建立了成员国无国界教育的创新模式,迈出了上合组织教育国际化的重要一步,为成员国新生代的继续教育创造了机遇和条件。[2] 在 2020 年 6 月,上海合作组织大学协调委员会第一次会议召开,各方共同回顾了上海合作组织大学 2008—2020 年的发展情况并规划了 2020—2023 年的工作,讨论了上海合作组织大学建设发展等一系列问题,推进上海合作组织大学进入了一个以夯实法律基础、完

---

[1] 上海合作组织:《上合组织秘书长弗拉基米尔·诺罗夫出席上海合作组织大学协调委员会首次会议》,http://chn.sectsco.org/news/20200630/660839.html。
[2] 李琪:《构建上海合作组织人文共同体的理论内涵与实践推进》,《陕西师范大学学报(哲学社会科学版)》2021 年第 2 期。

善管理模式为特征的新发展期,扩大合作方向,开展本科生、硕士研究生、副博士研究生、博士研究生、教师、科研和行政管理人员的交流活动,继续为培养各方面的专业人才做出努力。

四、结　语

中国作为上海合作组织的重要建设者,应对语言政策和多语种翻译做好充足的准备和严谨的规划,将相互依存的共同利益观和可持续发展观作为建设共同体的基础,倡导多语共建人类命运共同体。

第一,应加强上海合作组织框架下通用语战略研究,尤其是汉语和俄语的双向翻译研究,调查各类通用语使用现状、分布、活力状况等情况,还要注意不同国家和地区的文化差异,做好文化翻译工作。

第二,英语作为强势语言必然会继续影响各国语言政策和翻译规划,要明确语言战略,将以汉语为主的双向、多向翻译政策制定好、规划好,构建上海合作组织框架内的多元语言文化协调机制,确保在关键研究领域的支配作用,这具有非常重要的战略意义。

第三,上海合作组织框架内的各国参与经济建设的侧重点不同,因此翻译重点、翻译特色也相应不同,既要注重全面多语言翻译体系的建立,又要注重相关语言服务能力的提升,尤其是多语种翻译人才的培养规划。

第四,建立建成开放性的翻译语料库系统,加强多语种翻译服务规范的同时,做好技术规范,包括机器翻译技术,以及在线语言服务平台建设。

第五,把上海合作组织大学、中外语言交流合作中心、孔子学院的作用发挥好,建立健全翻译人才培养体系。结合多语种翻译的发展趋势和翻译专业的需求现状,培养出具有相关专业知识与翻译职业素养、能够胜任成为上海合作组织发展重任的应用型翻译人才。

参考文献

[1] 高飞:《上海合作组织发展的路径与前景》,经济科学出版社 2021 年版。

［2］［塔吉克斯坦］阿利莫夫:《上海合作组织的创建、发展和前景》,人民出版社2018年版。

［3］中国上海合作组国家研究中心:《上海合作组织:回眸与前瞻(2001—2018)》,世界知识出版社2019年版。

［4］戚振宏:《新时期上海合作组织:形势和任务(2018—2019)》,世界知识出版社2019年版。

［5］海然热:《反对单一语言——语言和文化多样性》,商务印书馆2020年版。

生态翻译学视角下的上海
博物馆讲解词英译探析

纪家举[*]

内容摘要：博物馆的外宣翻译担负着"讲好中国故事"的使命，越来越得到重视，相关的翻译研究也越来越多。本文选取了上海博物馆部分讲解词的汉英文本语料，以胡庚申教授提出的生态翻译学为理论视角，从微观层面对这些文本进行解析，探讨原语生态与译语生态之间的平衡，希望借此丰富对上海博物馆外宣翻译的研究，为相关的译者与研究者提供一定的借鉴。

关键词：上海博物馆；生态翻译学；外宣翻译；译者

一、研究的目的与意义

作为一座国际化大都市，上海每年都会吸引众多海外游客，而位于市中心的上海博物馆则是这座城市的名片之一。号称文物界"半壁江山"的上海博物馆，承载着传播中华民族悠久历史和灿烂文化的使命，要想向外国游客讲好这些"中国故事"，文物、展馆、展览的外宣翻译工作就显得尤为重要。正如黄友义（2005）在首届全国公示语翻译研讨会上对外宣翻译的定位："外宣翻译是一种门

---

[*] 作者简介：纪家举，上海政法学院语言文化学院讲师，研究方向：外语教学、翻译、语言学。

面工作,其中的错误与缺陷会被放大来看。可以毫不夸张地说,外宣翻译是一个国家对外交流水平和人文环境建设的具体体现。"①

在众多翻译理论中,生态翻译学(Eco-Translatology)理论近年来被广泛应用于各种领域的课题研究。该理论由胡庚申教授提出,并在其专著中进行了系统的描述与阐释。所谓生态翻译学,是"以生态整体主义为理念,以东方生态智慧为依归",即从生态学的角度研究翻译学,将翻译活动视为一个动态的翻译生态系统。在这个系统的翻译生态群落中,译者直接参与翻译过程,责任重大。译者要去适应生态环境,关注翻译作品的接受和传播,使译文在译语生态里保持活力;在具体的文本翻译过程中,通常要对句子、段落、篇章加以总体考量,改变单一维度的译文处置,采用多维转换的翻译方法,翻译的过程当中不仅仅只做语言转换,还要参照文化内涵、交际意图、美学追求等多个因素,多维度地关注原语生态与译语生态的平衡,从整体上关注翻译生态环境。②

博物馆体现了中华文化的积淀,而生态翻译学则是根植于中国传统文化的翻译理论,结合两者进行的研究,充分体现出本土化与国际化的融合。本文拟选取上海博物馆讲解词英译的部分范例,运用生态翻译学原理,从微观层面对译文文本进行剖析,希望借此对进一步完善、提高博物馆外宣翻译的译评标准、方法等,提供一定的借鉴作用。

二、研究的主要内容

笔者选取的范例来自上海博物馆的特别展览(special collection)的部分汉英文本,结合生态翻译学的原理,从三个方面进行解析,以总结优秀译文的精髓与要义。

---

① 黄友义:《从翻译工作者的权利到外宣翻译——在首届全国公示语翻译研讨会上的讲话》,《中国翻译》2005 年第 6 期。
② 胡庚申:《生态翻译学:建构与诠释》,商务印书馆 2013 年版,第 11—13、114—120、268 页。

（一）修补译文信息以满足译语读者的文化需求

1. 为弘扬佛法，唐代扬州大明寺高僧鉴真（688—763 年）六次东渡，最终于 753 年如愿抵达日本。

译文：In China's Tang Dynasty, Jianzhen (688–763) began as a bonze of the Daming Temple in Yangzhou. To propagate Buddhism in Japan, he took six agonizing voyages eastward and finally reached his destination in 753.①

生态翻译学理论要求译者在翻译中对原文所表达的内容和交际含义进行转换，并考虑目的语读者的需要，在翻译中尽可能提供译文相应的文化背景。② 这也是外宣英译中需坚持的原则之一："充分考虑文化差异，努力跨越文化鸿沟"③。译者在翻译过程中需要捕捉中文解说词的"词外之意"，传递出蕴含其中的文化信息。④ 如此例中，通过比较原文和英译，我们可以看出译文有一个增词 agonizing。鉴真六次东渡，遭遇艰难险阻，历尽千辛万苦，但对于许多西方读者来说，他们未必了解上述历史背景。agonizing 意为"使人痛苦的"，英文释义为 causing agony（extreme mental or physical suffering）⑤，译者用该词表达出鉴真东渡日本过程的艰辛，凸显了鉴真对于中日文化交流的贡献与赤诚之心。

2. 其中除了正统到天顺的皇家官瓷外，还有这一时期与**分封藩王**相关的产品和民窑瓷器。从品种和质量看，很多产品并不逊于宣德、成化朝的瓷器。

译文：In addition to the official porcelain wares of the three-reign period, the exhibition also provides examples designed for **the Ming royal governors (fanwang)** and civilian kiln products as well, which could rival the Xuande and Chenghua porcelain wares in quality and variety.

---

① 上海博物馆官网，https://www.shanghaimuseum.net/mu/frontend/pg/index#section2。
② 胡庚申：《例示"适应选择论"的翻译原则和翻译方法》，《外语与外语教学》2006 年第 3 期。
③ 黄友义：《坚持"外宣三贴近"原则，处理好外宣翻译中的难点问题》，《中国翻译》2004 年第 6 期。
④ 林华：《论博物馆文物解说词的文化信息及翻译策略——以上海博物馆文物解说词为例》，《江汉大学学报（社会科学版）》2013 年第 4 期。
⑤ 《牛津高阶英汉双解词典》（第 4 版），牛津出版社 1997 年版，第 29 页。

生态翻译学视角下的上海博物馆讲解词英译探析 103

3. 值此鼠年新春之际,上海博物馆特别甄选5件与鼠有关的藏品以飨观众。大厅展出的这件名为"**铜鎏金持鼠黄财神像**",是藏传佛教中的护法神祇……

译文:To celebrate the Chinese New Year of the Rat, the Shanghai Museum has selected five works of the shrewd animal to share with you. Exhibited in the Main Hall is **a gilded bronze statue of the Yellow Jambhala ("a God of Wealth")**, a great charitable deity who grants fortune and protection ...

例(2)的"分封藩王"译为:the Ming royal governors (fanwang);例(3)"铜鎏金持鼠黄财神像"译为:a gilded bronze statue of the Yellow Jambhala ("a God of Wealth")。其中 the Ming royal governors 与"a God of Wealth"(Jambhala 本身具有"财富之神"的意思)都是原文基础上的增译,这种增译很有必要,可以使译语读者更好地理解中国文化中"藩王"和"财神"的含义。

4. 无论是"行遍江南清丽地,人生只合住湖州"(戴表元《湖州》),抑或……从某种程度上说,一部中国书画史,亦是诸地域美术史的汇合。

译文:"I have travelled all over the tranquil and beautiful Jiangnan, where Huzhou is the only inhabitable place."("Huzhou" by Dai Biaoyuan of the Yuan) ... These verses show that, to some extent, the history of Chinese calligraphy and painting is also the convergence of the histories of art across the nation.

对讲解词原文中的诗句"行遍江南清丽地,人生只合住湖州",译文的处理方式为将诗的前半句作为主句:I have travelled all over the tranquil and beautiful Jiangnan,后半句则以 Jiangnan 作为先行词,采用了 where 引导的非限制性定语从句:where Huzhou is the only inhabitable place。此译虽没有明显的增词,但在字里行间却增加了一条信息:湖州(Huzhou)属于江南地区(Jiangnan)。目的语读者未必清楚江南和湖州的关系,where 所在的译句将两地的从属关系表达了出来,使其能够更好地理解中国文化。

上述四个例子的增词或补译修补了英译的翻译生态环境,保持了原语生态与译语生态的平衡,较好实现了跨语言的交际,帮助目的语的读者(游客)更好地理解原文,再现了原文的交际意图。

(二) 以符合译语语言特征的形式展现原文内容

1. 他研究鉴真生平与唐招提寺历史,将胸中的情与景完美地交融在画中。

译文:The painter studied Jianzhen's life and the history of the temple, blending scenery with sentiments into his works.

原文中,"研究……历史"、"将……交融在画中"两个分句为并列句(各包含一个谓语动词),英译将第二个分句的动词处理为-ing 分词,体现了英语动词丰富的形态变化。"胸中的情与景","情"与"景"在原文中是并列的,英译中则用了 blending scenery into his works(将"景"融于其作品中),借助于 with sentiments 把"将'情'交融在画中"表达出来。Sentiment 意为:(expression of an) attitude or opinion, usually influenced by emotion 态度或意见(的表示)(通常指受感情影响的)①;即原文中的"胸中的情"。blending scenery with sentiments into his works 寥寥数语,将原语的精髓传达了出来。

2. 值得指出的是,把国内外 15 世纪中期官民窑代表性器物大批量集中展出的情况尚属首次,这里要特别感谢各相关借展机构和人士的大力支持。

译文:It is noteworthy that this is an effortful attempt to assemble all the representative porcelain products of the mid fifteenth century China for the first time, and we are deeply indebted to all the lenders for their generous support to make this possible.

此句英译虽看上去简单,但句子的处理如细细斟酌,也可以总结出某些翻译的妙处。第一句中,"值得指出的是……"为汉语中的"是"字句,"是"的宾语为"把国内外 15 世纪中期官民窑代表性器物大批量集中展出的情况尚属首次"。英文并未直译,以 it 为形式主语,真正的主语为后面的 that 从句,符合英语的"末端重量原则"②或者其"顺线性延伸性"的特点(句尾呈开放型结构)③;由于英

---

① 《牛津高阶英汉双解词典》(第 4 版),牛津出版社 1997 年版,第 1368 页。
② 邵志洪:《汉英对比翻译导论》,华东理工大学出版社 2005 年版,第 150 页。
③ 刘宓庆:《新编汉英对比与翻译》,中国对外翻译公司 2006 年版,第 205 页。

语中的静态句用得比较多,汉译英时,要注意把汉语的动态句"向英语的静态句转化,汉语的动词要向英语的名词形容词转化"①,因此此处将汉语的"值得指出"转化为形容词 noteworthy;另外,本句中含有汉语中比较典型的"把"字句,句中"把"字后的名词"国内外 15 世纪中期官民窑代表性器物"是动词"集中展出"的客体即宾语,英译中即以动宾结构处理: assemble all the representative porcelain products of the mid fifteenth century China;"各相关借展机构和人士"简化为 all lenders,句末的 to make this possible 的 this 与句首 this is an effortful attempt to 的 this 互相对应,也补充了有关 all lenders 的信息,同时符合英语句式向右延伸的特点以及尾重原则。

例(5)和例(6)中对原文细节的处理反映了译者的翻译是比较到位的,说明译者对汉英两种语言规则和用法有深刻的理解和掌握,具有深厚的语言功底,这也是生态翻译健康的重要保证。胡庚申(2011)认为,在翻译过程中,译者起着中心和主导的作用,要注意提高自身的素质:"译者处于不同语言和不同文化间各种力量交互作用的交互点上,既是翻译过程的主体,又是译事得以进行的基石。"②

(三) 在精准的基础上追求语言优美

1. 该展系首次从学术视角对上海历代书画进行较为系统的梳理与研究,遴选相关书画 146 件(组),时间跨度从三国至现当代逾千余年,通过"艺脉/艺术成就""人文/地区互动""鉴藏/艺术影响"及"潮头/海上风华"四个部分予以呈现。

译文: As the first academic attempt to systematically sort and study Shanghai calligraphy and painting of the past generations, the exhibition selects 146 pieces (or sets) of art work created over the more than one thousand years since the Three Kingdoms period. They are thematically categorised into four parts: (1) "Tradition: The Artistic Accomplishments,"
2. "Civilisation: The Regional Interactions," (3) "Collection: The

---

① 周志培:《汉英对比与翻译中的转换》,华东理工大学出版社 2003 年版,第 407 页。
② 胡庚申:《生态翻译学的研究焦点与理论视角》,《中国翻译》2011 年第 2 期。

Artistic Influence," and (4) "Innovation: The Shanghai Charm."

译文将原文中展览的四个部分的主体关键词"艺脉""人文""鉴藏""潮头"分别译为 Tradition、Civilisation、Collection、Innovation(其中 Civilisation 部分又含一词 Interaction),几个词都以-tion 结尾,发音相同,押尾韵(rhyme),读起来大气悦耳,比较有气势,彰显了上海博物馆的魅力。"尾韵的使用,使语言更具有诗性……韵尾周而复始,错落起伏,韵脚回环照应,把文章连成一体,给人一种和谐与凝重之美。"①此处译者既考虑了语言和交际、目的语读者需要,又兼顾了美学。博物馆本就是文化积淀的场所,具有历史意义的作品配以恰如其分的译文,使观者有一种艺术上的享受。

3. 时隔 1 200 多年,日本著名画家东山魁夷为唐招提寺中供奉鉴真和尚像的御影堂绘制了 68 面隔扇画……这些史诗般的巨制从构思到完成历时十年之久,追溯了中日文化交流的渊源,再一次架起中日之间的彩虹之桥。

译文:More than 1,200 years after the monk's demise, Japanese artist Higashiyama Kaii was commissioned to paint 68 murals for Toshodaiji's Mieido Hall, where a statue of Jianzhen is enshrined... From conception to completion, the creations took a whole decade. In painting them, Higashiyama became, as it were, a second cultural bridge over the East China Sea.

译文中的 conception 与 completion 译出了原文的"从构思到完成"的含义,并且两词既押头韵(alliteration)又押尾韵,给译文增添了一种音韵美,兼具音乐感和诗性,内容与韵律达到完美统一的境界,给人一种美的享受。②

由于译文前面已提到中日文化之间的交流,此处并未将"中日文化交流"全译,只取"文化"一词放到 a second cultural bridge over the East China Sea 中,second 对应"再一次";as it were 在此用作插入语,该短语在字典中的解释为 used to comment on the speaker's own choice of words, which may give only an approximate meaning(用以判断自己用词是否恰当,指词义接近而已)③,形

---

① 毛荣贵:《翻译美学》,上海交通大学出版社 2005 年版,第 120 页。
② 同上,第 111—114 页。
③ 《牛津高阶英汉双解词典》(第 4 版),牛津出版社 1997 年版,第 69 页。

式上是 as if it were so 的缩写，常译为"可以说是""似乎"，其作用是表示一个词或一句话是一种比喻说法，以冲淡语气①。译文中将 Higashiyama 比作 a second cultural bridge over the East China Sea，as it were 的用法使这个比喻的语气显得不那么生硬，这种模糊性的处理恰到好处。

从翻译理论的实践性而言，胡庚申(2013)指出应该重视对译文的微观解析，这符合翻译解释性和描述性的功能特点，也有助于对生态翻译学的认识和理解。从以上对译例的微观解析中可以看出，胡庚申的生态翻译学在翻译具体实践中的体现：译者承担着保持原语生态和译语生态之间平衡的责任，须熟悉英汉两种语言的特点和规律，具备英汉之间相互转换的能力，需要多维度地"选择性适应"和"适应性选择"，尽其所能作出最佳译文；在翻译过程中尽量减少对原语生态和译语生态的"损伤"，译文首先要做到准确、达意，继而又要考虑到语言交际和美学等多个维度，必要时在译文中加以修补，总体上保持原语生态与译语生态的协调与平衡，使译文在译语生态里保持活力。②

本文结合生态翻译学的理论，从微观角度对上海博物馆的特别展览的英译文本进行阐释，期冀丰富对上海博物馆外宣英译的研究维度，为相关的译者与研究者提供一定的借鉴和参考，但因个人能力所限，提供的语料和译例较少，对译文的解读和分析尚欠精准，还有很多的不足之处，敬请批评指正。

（本项目受上海政法学院2020年度校级科研项目经费支持）

---

① 王小永："As it were, as it is, etc."《英语学习》1999 年第 2 期。
② 胡庚申：《生态翻译学：建构与诠释》，商务印书馆 2013 年版，第 264—271 页。

The Extension of Meaning in Translation from a Cultural and Stylistic Perspective

李云玉[*]

Abstract: Journalistic English is a reasonable continuation of the course English-Chinese Translation, and is also a course for senior English majors. It studies the English language used in British and American news publications, and, with another being English literary writings. However, there is a big difference between the translations of these two different styles of English language. To be specific, it requires the translator to know more dynamic cultural phenomena and keep track of the latest development of modern English. This is particularly important when they have to make clear about the extensions of meanings in their translation processes. Therefore, it is necessary to make a further study on the basis of meaning extension in English-Chinese translation from a cultural and stylistic perspective.

Keywords: translation; extension; basis

The necessity of setting up a course of English-Chinese News Republications Translation for senior English majors has been widely recognized by those who are engaged in professional English education. This

---

[*] 作者简介：李云玉，上海政法学院讲师，研究方向：英语教育、英语语言文学、跨文化交际。

course is based on the two courses of English-Chinese Translation and Reading for Foreign Journals, integrating the contents and requirements of both courses, and extending them reasonably. In a sense, this course is the integrated product of the two ones.

From the perspective of "needs analysis", this course can meet both the target needs and the learning needs of learners. On the one hand, all senior English majors are faced with the challenge of two sources of English-Chinese translation questions — articles from the British and American newspapers and magazines and the original literature, which provides the most direct target for learning this course. On the other hand, in recent years, the great achievements made in China's reform and opening up, as well as the great changes in domestic and international political and economic situations have put forward higher requirements for English major students. To this, this course aims to make the students master basic skills and methods of the translation of English newspaper. With the demonstration of models, more practice and evaluation, it can improve their familiarity with a variety of subjects, genres, and styles of the articles, which are carefully selected and related to international politics, economy, social culture, environmental protection and so on. At the same time, students should also understand the implied meaning of certain words and sentences in the text, so that their translation can meet the standard of fidelity and fluency as stipulated in the TEM-8 syllabus. This course is suitable for senior undergraduate students majoring in English who have certain ability to read English newspapers and periodicals. They should also master basic theoretical knowledge and skills of translation before learning this course.

In the process of teaching, teachers should follow the following guiding ideas: the combination of solid English knowledge and translation skills; the flexible mastery of basic translation skills and the continuous improvement of translation practice ability; and the ability to expand the scope of knowledge, broaden the horizon, and cultivate the innovative thinking.

I. The extension of meaning in English-Chinese translation

When we translate, if there are no new words or difficult words, we often search the meaning of each word from the existing vocabulary in our brain, and then choose the most suitable one according to the context. If we encounter new words or difficult words, we mostly have to look up the dictionary, search and select from many choices. This process is sometimes difficult with the problem that the effect is not necessarily ideal. The words that we think we have done our best to choose are loyal to the original text, but in the translation they come across in a strange tone, or even the language is unclear. In fact, the context of the text is ever-changing and flexible, which often requires the translator to start from the fundamental meaning, adapt to the original context and the target language expression habits, and extend the best meaning. The explanations provided in dictionaries are often lack of due details. Therefore, in order to conform to the actual characters and plots, the wording in dictionaries must be changed or extended to a certain extent, and the more appropriate words and expressions must be selected according to the actual situation of the specific discourse. Because the words contain the local customs and living habits of English and Chinese people, it is not enough to explain words only by the definition in dictionaries. We must adopt flexible methods, starting from the basic meaning of a word and extending the meaning of the word according to the context, so as to express the deep meaning of the word.

Both English and Chinese have the words of multiple categories and polysemy of one word. In the process of English translation, we must be careful to choose words, not only relying on the dictionary definition, but also combining the context and collocation with other words to understand, and then choose the appropriate translation expression. Some words have implicit meanings, but there is no ready-made corresponding expression in the translated text. Sometimes, the word-by-word translation will make the translated text hard and difficult, unable to accurately express the original meaning, and even cause misunderstanding. In this case, the deeper meaning should be extended and transformed into an expression acceptable to the target text readers. The purpose of word meaning selection and extension is to make the translation more faithful, smoother and more complete in expressing the original meaning. Therefore, the choice of vocabulary should be appropriate, and the extension of vocabulary should be moderate.

Here, extension refers to the semantic adjustment of some words in the translation based on the inner meaning of the original word, the context and the expression habits of the target language, so as to achieve the purpose of fidelity and smoothness. Many words, if translated according to their meanings in the dictionary, are difficult to understand and may even lead to misinterpretation. Therefore, it is necessary to make necessary changes to the meaning of words, and to develop new ways of expression that can express the inner meaning of words.

The extension of word meaning can be based on the literal meaning of words or the interpretation provided by dictionary without binding the context. However, it is necessary to adjust and change the meaning of words. Anyone involved in translation has deep experience. Once encountering words with implicit meaning, it is necessary to associate with context to find a suitable interpretation, even in connection with the social background of the word at that time, on the basis of the dictionary interpretation of the word, but not limited to it.

Understanding the extension of meanings (word meaning and sentence meaning) is one of the basic translation skills to be mastered by students.

Generally speaking, there are two grounds for extension — the implied meaning of a word or sentence and the contextual meaning of the text.① However, there is a big difference between the translation of English contemporary texts and the translation of English original literature. The former requires the translator to know more dynamic cultural phenomena and keep track of the latest development of modern English.

The original meaning and the extended meaning are basically the same, but there are also some changes between them. First, in the translation, the meaning of the original text is reflected from a new perspective and in a new form, that is, the expression has changed but the content has not. Second, the meaning of the words in the original text and between the contexts are clearly expressed in the translated text, which is an adjustment of the depth and breadth of expression. Among them, the choice and extension of word meaning is the most basic work in translation, and it is also the premise and foundation to ensure the quality of translation. How to grasp the meaning of the word accurately and extend it appropriately when necessary is a difficult point for students in their translation practice, which is also the place where they often make mistakes in their translation practice. For example,

Light crude for December delivery on the New York Mercantile Exchange rose 86 cents to settle at $96.32 a barrel, after hitting an earlier high of $96.65.

*On Thursday, the contract fell to $95.46 after Federal Reserve Chairman Ben Bernanke said the housing slump and high oil prices, among other factors, will slow economic growth in coming months.*②

In these two examples, there are two main points that need to be extended — light crude for December delivery and on Thursday. (The price of Light crude oil for December delivery is estimated to be around $10

---

① 古今明:《英汉翻译基础》,上海外语教育出版社 1997 年版,第 263 页。
② 《新闻周刊》2007 年 11 月 9 日。

billion. November 8 of this week is on Friday. The difference between $96.32 and $95.46 in the first sentence is exactly 86 cents. So the price of crude oil futures rose on Friday, November 9.)

It is normal for students to encounter difficulties or make mistakes in extension. This is mainly based on three well-known reasons. First, both English and Chinese have rich vocabularies and their meanings are extremely multifarious. Secondly, the two languages are so different that their meanings are so complicated that it is often difficult to find the exact corresponding words. Third, the English language itself is changing dramatically, especially in media coverage.

For example, "... *Duke Energy became the un-Enron by resisting financing tricks, complex partnerships, and other Wall Street fads.*"[①]

"Un-Enron" is a coinage that means "an honest corporation as opposed to Enron". The context for the term was the collapse of Enron in 2002, which was not just the downfall of an energy giant that was once the fifth most valuable stock on Wall Street, but the reasons for the collapse of the company that really saddened Americans: the company executives' power abuse, serious accounting fraud and weak government regulation. These scandals have caused great damage to the economic operation of the American society and shaken the foundation of the American economic system.

"*There was no lady about him. He was what the woman would call a manly man. That was why they liked. — Aldous Huxley: The Gioconda Smile*" Does *lady* in the first sentence refer to a woman? If it is a woman, the first sentence should be translated into that there were no women around him, but the context in the following sentence really points out that women regarded him as a manly man. *Lady*'s explanation in the dictionary cannot

---

① 《财富》2002 年 4 月 15 日。

express the original meaning in this sentence. To find out the proper interpretation, it must be related to the context, and "about him" is understood as "on him". Then, the implied meaning of *lady* is regarded as "something lady like". So it means that there was nothing womanlike about him and that was why the women liked him.

From the above examples, we can see the importance of word meaning selection and word meaning extension in translation. Therefore, in the translation, we must not stick to the basic definitions provided by the dictionary, and mechanically replace the corresponding English words with fixed Chinese words. The correct approach should be to determine the exact meaning of each word according to its context and various clues provided by the context on the basis of the meaning of each word in the dictionary. At the same time, it is necessary to choose appropriate words to express this meaning according to Chinese expression habits and collocation.

The purpose of word meaning extension is to make the translation more faithful, smoother and more complete to express the original meaning. Therefore, the extension must be proper and moderate, and should not ignore the inherent basic meaning of the original text or break away from the logical connection of the context and give full play to it.

Many translators have mentioned the influence and restriction of context on semantics. It is true that the basis of word meaning extension lies in its context, but there are other bases besides context, that is, the habit of expression of the target language and the stylistic style expressed in the target language. According to Eugene. A. Nida, translation is the recipient's language, which is the closest natural equivalent of the original message in terms of meaning and style. Based on this statement, we can express this proposition into three simple propositions: first, translation is to accurately translate the meaning; second, the translation should reflect the style of the source text; third, the translation should conform to the expression habits of the target language. Only by achieving these three points, can translation play its role as an intercultural communication task. Because with some words to express some ideas, must conform to the habit of language, can be understood and accepted by people.

II. The cultural basis of extension

Generally speaking, people can describe the word meaning of "culture" from both broad and narrow perspectives. In a broad sense, culture refers to the sum of material wealth and spiritual wealth created by human beings in the course of social history. It is first reflected in all aspects of people's daily life, including diet, clothing, architectural style and so on. Secondly, in order to meet people's living needs, society must organize production in some way, including the application of science and technology, the determination of relations of production, the distribution of work achievement, etc. On the basis of people's material needs being satisfied, the consumption of spiritual products (literature, art, religion, etc.) becomes indispensable. In this sense, culture actually refers to the form of civilization. Culture also has its narrow sense of concept. At this time, culture refers to social ideology and corresponding system and organizational structure, covering life style, values and thinking mode, etc.

Language is not only the carrier of culture, but also an important part of culture. Words are the most active factor in language, which most sensitively reflects the changes of social life and social thoughts. They are the part of language that can best reflect cultural characteristics. Language environment is rooted in cultural habits. Therefore, translation is bound to be influenced by the original culture and the target culture. The translator must understand the cultural connotations of different cultures in the discourse, correctly understand the cultural meanings contained in words, and adopt appropriate translation methods to translate words in a specific cultural context into words with the same cultural characteristics. In the process of translation, translators should be particularly careful to analyze the cultural factors behind the words that are easy to cause semantic conflicts, and further extend the meaning of the words according to the specific text and logical relations, and select appropriate Chinese words to express the words.

Since the beginning of the new century, a series of major changes have taken place in the world political pattern, economic order, culture, education, science, technology and social customs. These changes have not only profoundly affected the lives of people all over the world, but also greatly promoted the development and evolution of languages. Take the United States as an example. In the first decade of the 21st century, there was no event that had more impact than the terrorist attacks of September 11. September 11 was the first direct attack on American soil by a hostile external force since Pearl Harbor in 1941. Since then, the Department of Homeland Security has been created, the wars in Afghanistan and Iraq have been waged, and the Taliban and al-Qaeda have become the main enemies of the US. To this day, the concepts of terrorism, extremism, and clashes of civilization are still the most frequently used words in the U.S. media.

On the economic front, the worst financial crisis since the Great Depression of the 1930s has spread rapidly from Wall Street to the rest of the world since early 2008, following the collapse of Enron in 2002. The financial crisis has once again dealt a major blow to the American psyche. This can be seen in the many new words being used in the media, such as "financial tsunami" and "financial nuclear winter."

Moreover, the chaos and change of the 1960s and 1970s have become the talk of historians in terms of the evolution of American social mores, as the baby boomers (hippies) have come of age and the influence of their

Generation X successors has risen. The "New Economy" boom of the Clinton years is over, and people have to start living more thrifty again. At the same time, some social problems that have been troubling the United States for a long time still exist, and even the trend of getting worse, for example, teen pregnancy, school shootings (shootings), etc.

On the world stage, "the Decline of America" seems inevitable. The Bush administration's unilateralism has been criticized by international opinion. The trend for multipolarization has become increasingly unstoppable, and the Group of 20 has replaced the old Group of Eight as the new dominant force in the world economy. Of these, the rise of the BRIC countries is even harder to ignore.

In literature, some literary works often use a certain word to add some new semantic factors in a specific context and discard some original semantic factors. In the novel Robinson Crusoe, Daniel Defoe created a faithful servant image, Friday. In this specific context, Friday abandoned its original meaning and became a special noun used as a person's name, and added a new semantic phoneme according to the character's personality, faithful servant. The translator's translation of Man Friday as a faithful servant Friday not only preserves the figurative image of the original text, but also clarifies and explicitly points out the meaning of the word in this particular semantic meaning.

The historical background will affect the meaning of a word in the work. In a specific context, the meaning of a neutral word can degrade and become a derogatory word or a positive word, or it can be upgraded. "'I wanted To Be a communist' he told me rather wistfully, 'but nobody ever asked me to join. I was already fifty and I concluded that the communist considered me too old.' But one day a communist sought out Hsu in his hiding place and asked him to enter the party. He was overjoyed, the old rascal, and he told me he wept then to think that he was still of some use in building a new world. (Red Star over China)①" Knowing that the author of this book supports China's revolution and is an old friend of the Chinese people, he would not use the word *rascal* in its derogatory sense when addressing Mr. Xu. So *rascal* here doesn't refer to a person who behaves badly and is rude or dishonest, but has upgraded it to a positive one, an old fellow or an old comrade. This reflects the intimate and casual friendship between the author and Mr. Xu. In another example "Acre by acre, the rain forest is being burned to create fast pasture for fast-food beef … — (Ships in the Desert)", *beef* is used to refer to *cattle*. The phrase "fast food beef" carries a kind of cultural information. For short-term economic benefits, Brazil has cut down and burned down a large area of forest, raised a large number of cattle with delicious taste, which has always been the hot demand of American fast food industry. Therefore, the forest area destroyed in Brazil every year is equivalent to that of Tennessee. If we don't understand the western material culture, we may feel puzzled about it.

These words and expressions mentioned above have profound cultural connotations behind them. They are a true reflection of the changes in the world in recent years. In fact, these changes are far broader and deeper than people can imagine. The reports and comments of the western media and the basic popularization of the Internet in China provide abundant language materials for the teaching of senior English majors.

Language is not a vacuum. It is deeply rooted in people's cultural consciousness, and in response to all the beliefs and emotions of the cultural community. Language and culture are closely related. There are many idioms, proverbs, idioms, allusions and other cultural words with rich cultural connotations in English. When they are translated into Chinese, they should be culturally introduced according to the specific situation. It can be

---

① 路仙伟:《英译汉中引申的依据》,《唐山学院学报》2011 年第 5 期。

expressed in plain and understandable Chinese, which makes people have rich associations, so cultural background is an important basis for extension.

In the teaching process, new vocabulary and new expressions will become more and more common due to social and cultural changes. Based on this understanding, we can draw a conclusion that the extension of meaning will become more and more important in the process of translation, and may even become the first factor to be considered in this course. This poses a greater challenge to the teachers who undertake the task of teaching the course. The solution is to keep pace with times, face up to these challenges, constantly update their knowledge structure, and improve teaching methods and means. Only in this way can we meet the requirements of the new century and the new situation for the reform of college English education. To be specific, the responsibility of teachers is to make students fully understand and actively track the latest changes of English language in the new century, analyze and explain them from the perspective of social culture, and extend them appropriately in the process of translation, which is the only way to improve the quality of translation and improve students' translation skills.

In addition, culture also has its narrow sense of concept. At this time, culture refers to social ideology and corresponding system and organizational structure, covering life style, values and thinking mode, etc.

III. The stylistic basis of extension

The stylistic features of the articles are quite different from those included in the traditional English-Chinese translation course. The traditional English-Chinese translation course usually focuses on the translation practice of famous prose, which has the advantages of beautiful words and meaningful meaning. However, teaching the translation of such articles is far from enough. These articles tend to be written much earlier. Its content mostly involves literature and philosophy, and has little to do with real life. In addition, only translating such articles can keep students abreast of the latest changes in the English language.

In terms of stylistic features, regardless of the subject matter of the articles, the mainstream media in contemporary Britain and the United States have shown readers the most significant feature of contemporary English language — continuous innovation. This is embodied in the innovation in the use of vocabulary. They have adopted the "group journalism" system pioneered by Time, that is, multiple reporters and editors discuss the idea, structure, wording and contents of a report together. Among them, the most discussed, must be the wording. The result has been a proliferation of new words, such as "netizen" and "Ameriasian" cobbled together into one, "rags-to-riches story" and "under-the-counter dealing" created by generating new compounds and "cyberculture", "e-commerce" through the derivation. [1] There has been much discussion about the creation and use of new words.

Conclusions

The translation should not only keep the style of the original work, including the national style of the original work, the style of times, the language style and the author's personal language style, but also be smooth and understandable, in line with the norms, and pay attention to the differences between Chinese and western cultures. There are similarities and differences between English and Chinese in terms of vocabulary, grammar, usage and expression. There are great differences between English and

---

[1] 端木义万:《美英报刊阅读教程》(中级精选本),北京大学出版社 2010 年版,第 58—59 页。

Chinese in their expression habits and in the expression of concrete and abstract concepts. On the premise of not violating the original meaning, the translation should conform to the expression habit of the target language as much as possible, instead of sticking to the language form of the original text. So it is worth emphasizing that an important principle of extension is to proceed from the context of the article, not to break away from the context, and not to play arbitrarily. Only in this way can the extension be built on the basic meaning and faithfully express the true meaning of the original text.

When a word in English is out of context, it often does not have a clear meaning, and the Chinese explanation in the dictionary is not completely corresponding, but needs to be adjusted. In most cases, even in a specific context, it is difficult to find a corresponding word with exactly the same actual meaning in the Chinese explanation in the dictionary. Therefore, exploring the basis of word meaning extension on the basis of dictionary interpretation has become the key to determine word meaning. In the process of translating a word from English to Chinese, it is often necessary for the translator to find out the factors that affect the extension of the word in its context. The factors that make the word produce the extended meaning are the basis for determining the specific meaning of the word. Once the extended meaning of a word is determined, the meaning of the word will change from vague and general to specific and clear. In the whole translation, the determination of the meaning of a word is the basis of expression, and the exploration and establishment of the extended basis is the means of determining the meaning of a word. The exploration of the basis of word meaning extension should not be subjective and blind, but objective and purposeful. In a specific context, the factors of word extension can be near or far from the word's phrase or sentence, distant from the word's paragraph, or other paragraphs far from the word, or even from the cultural or stylistic background of the word.

The proper use of word extension in translation can make the meaning of words and sentences in the original more clear, and enable the target readers to taste the artistic flavor of the original. It can preserve the style of the original, and even add color to the artistic effect of the original.

Culture Differences in the Cross-cultural Business Negotiation

温 莉[*]

Abstract: Cross-cultural business negotiation is an important subfield to all forms of social interaction. The study of cultural differences in business negotiation has gained increasing prominence in recent years. This essay focuses predominantly on the analyzing of relevant problems of intercultural differences in business negotiation and highlights some effective communication strategies and tactics to handle the problems in negotiation between cultures successfully.

Key words: Culture Differences; Cross-Cultural Negotiation; Communication Strategies; Selecting Tactics

Along with the globalization of business, cultural difference and diversity in business are growing. Many countries are not directly linked with an international system of economic interdependence, and most countries have at least one asset within their borders that is needed by another country. No country is absolutely self-sufficient. Therefore, the business

---

[*] 作者简介：温莉，上海政法学院讲师，研究方向：外语教学、语言学。

arena has portrayed such global qualities. This growth in globalization results in the economic increase and foreign multinational industries. Economic reforms in China have spurred a great deal of joint ventures in the last decade[1]. People from different countries, such as Americans, Japanese, Koreans, Germens, Australians, and so on, will find themselves cooperating in a team to do the project crossing cultures. At the same time, inter-national business relations are also developing, so does the frequency of business negotiations among people from different countries and cultures. It is essential for a negotiator in a cross-cultural negotiation to have communication skills and cultural knowledge. However, negotiation is not just a single skill or even a group of skills. In the broad sense, negotiation is a process that takes place in a particular context. The context, in terms of subject matter, the mature of the parties involved and the degree of formality, determines the particular skills required in any specific negotiation situation. There are many more challenges in a cross — cultural environment than in a mono — cultural setting.

There are numerous definitions of negotiation. Gulliver defines negotiation as a process in the public domain in which two parties, with supporters of various kinds, attempt to reach a joint decision on issues under dispute. Robinson and Volkov view negotiation as a process in which participants bring their goals to a bargaining table, strategically share information, and search for alternatives that are mutually beneficial[2]. According to Putnam and Roloff, negotiation is a special form of communication that centers on perceived incompatibilities and focuses on reaching mutually acceptable agreements[3]. Although these definitions differ

---

[1] M. Rokeach, *The Nature of Human Values*, NewYork: Free Press, 1973.
[2] Robinson, W. and Volkov, V. , *Supporting the Negotiation Life Cycle*, *Communications of the ACM*, 41(5).
[3] Putnam, L. and Roloff, M. , *Communication Perspectives on Negotiation*, in Putnam, L. and Roloff, M. , eds. *Communication and Negotiation*, Newbury Park, CA.

in their details, they share some common elements with business negotiation, which involves some form of mutual exchange of goods, services and money. The driving force behind these negotiations is a voluntary cooperation between two or more business partners who would like to explore potential business opportunities that might result in a contract explicitly formalizing mutual obligations.

Cross-cultural negotiation is negotiation where the negotiating parties belong to different cultures and do not share the same way of thinking, feeling and behaving. The negotiation process is generally more complicated because it encompasses unconscious forces of the different cultural norms that may destroy effective communication. In the negotiation process, interpersonal communication is the key activity that takes place at the verbal, nonverbal, situational, contextual level, and a total communication system can help the negotiator to bridge the gap between utterance and felt meaning. The greater the cultural differences, the more likely barriers to communication and misunderstandings become[1]. Therefore, in a cross-cultural negotiation, in addition to the basic negotiation skills, it is important to understand the cultural differences, and to modify the negotiation style accordingly.

I. The understanding of cultural differences in business negotiation

Many people agree with this assessment of U. S. performance in business negotiations abroad, while companies from other countries hold a totally different opinion about it. There is a witticism about American businessman

---

[1] Hendon, D, Hendon, A & Herbig, P, *Cross-cultural Business Negotiation*, London, 1996.

and a Japanese businessman who are sitting on a park bench in Tokyo. The American says, "Well, you know I've been in Japan for my company for forty years. And now they are sending me back home to the States in just a few days." The Japanese replies, "That's the problem with you Americans: here today and gone tomorrow."① This joking clearly indicates a main cultural difference in negotiation — the pace at which negotiations are conducted. Americans value rapid negotiation whereas Japanese prefer slower negotiations. Much of the business negotiation problem stems from cultural differences that lead to misunderstandings and mistrust across the conference table. Although this discussion cannot list all the possible cultural differences, the following points based on the cultural framework indicate areas of possible misunderstanding.

1. Individual negotiators from some countries are more likely to have the power to make decisions than are their counterparts from some other countries in part because of differences between individualist and collectivist societies. Negotiators who have the power to make decisions may lose confidence when those counterparts must reach group decision or keep checking with their head office. What is individualism and what is collectivism? Hofstede has identified four value dimensions that have a significant impact on behavior in all cultures. ②The first intercultural dimension is individualism-collectivism. This is an important question when we talk about cultural differences. Although we speak of individualism and collectivism as if they are separate entities, it is important to keep in mind that all people and cultures have both individual and collective dispositions. ③ In

---

① D. A. Foster, *Bargaining Across Borders: How to Negotiation Business Successfully Anywhere in the World*, New York: McGraw-Hill, 1992.

② G. Hofstede, *Culture's Consequence: International Differences in Work-related Values*, Beverly Hills: Sage, 1980. See also G. Hofstede, *Cultures and Organizations: Software if the Mind*, London: McGraw-Hill, 1991.

③ Larry A. Samovar, Richard E. Porter, Lisa A. Stefani, *Communication between Cultures*, Beijing: Foreign Language Teaching and Research Press, 2012.

cultures where individualism predominates, people belong to loose social frameworks, but their primary concern is for themselves and their families. People are responsible for taking care of their own interests. They believe that individuals should make decisions. Cultures characterized by collectivism are tightly knit social frameworks where individual members depend strongly on extended families and clans. Group decisions are valued and accepted. The North American culture is individualistic in orientation. It is a "can — do" culture that values individual freedom and responsibility. In contrast, collectivist cultures emphasize group welfare and harmony. The Japanese culture is a case of societies in which group loyalty and unity are paramount.

2. Negotiators from low — content cultures want to get to the heart of the matter quickly. Negotiators from high — context cultures want to spend time developing rapport and trust before addressing business details. What are high — context cultures & low — context culture? The general terms "high context" and "low context" popularized by Edward Hall are used to describe broad — brush cultural differences between societies. Edward T. Hall is a respected anthropologist and researcher, specializing in the area of cross-cultural communication. His research has shown how behavior is shaped by the cultural influences hidden beneath the surface. He categorizes cultures as being either high or low context, depending on the degree to which meaning comes from the settings or from the words being exchanged.[1] High context refers to societies or groups where people have close connections over a long period of time. Many aspects of cultural behavior are not made explicit because most members know what to do and what to think from years of interaction with each other. Your family is probably an example of a high context environment. A high context culture

---

[1] E. T. Hall, *Beyond Culture*, Garden City, NY: Doubleday, 1976.

needs a baseline of trust before business can be transacted. Low context culture, as for example, in North America and Germany, refers to societies where people tend to have many connections but of shorter duration or for some specific reason. It is directly word-based and not highly networked. Background needs to be filled in and is not assumed. Communication may be confrontation and result-oriented and business dealings are generally impersonal[1]. In these societies, cultural behavior and beliefs may need to be spelled out explicitly so that those coming into the cultural environment know how to behave.

3. Negotiators from pragmatist cultures attempt to separate the issues into small categories (getting closure on items in a linear fashion), while negotiators from idealistic cultures view negotiations more holistically. In pragmatist cultures, people focus on work, efficiency, change, time and progress. Even the pace at which we live our lives — from how fast we walk to the speed at which we reach conclusions — is related to the activity orientation of pragmatist cultures. Americans have long admired people who can make quick decisions, and become impatient with people who are too reflective. While people in both Hinduism and Buddhism, spend a great portion of their lives in meditation and contemplation in an attempt to purify and fully advance themselves. For them, this inner or spiritual development means one of the main purposes of life.

4. Negotiators from cultures with high trust are less prone to want to cover every possible contingency in a contract than are negotiators from cultures with low trust. Establishing trust before conducting business is very important in several cultures, but it is also necessary to consider the trust level of the society as a whole in determining the potential for successful business negotiation. Trust has a profound impact on business from the

---

[1] Cynthia Flamm, Please Pass the Conch Shell: An Introduction to the Field of Cross-cultural Communications, 2008.

transaction itself to the entire culture's economic growth. Cultures can be placed on a continuum of high trust to low trust.① For instance, Cultures such as Germany, Japan, and the United States are high-trust oriented in their business dealings. They have a marked tendency toward association with other cultures. They trust in dealing with other cultures has allowed them to create large, private business organizations. "It is no accident that the world's best-known brand names-Ford, Siemens, Mitsubishi, Hitachi — come from countries that are good at creating large organizations."② On the contrary, in low-trust societies like China, France, and Italy, the reluctance to trust non-kin has resulted in many small family businesses. The cultures of the world are becoming increasingly dependent on one another. As a result, the most useful kind of social trust is often not the ability to work under the authority of a traditional community or group, but the capacity to form new associations and to cooperate within the terms of reference they establish. Obviously, trust needs to be factored into cross-cultural business issues.

5. Negotiators from monochromic cultures will want to give their undivided attention to one issue at a time. However, negotiators from polychromic cultures feel uncomfortable if they do not simultaneously take care of other business affairs. A monochromic culture experiences time in a linear fashion, one thing at a time. Time is limited and is viewed through schedules, deadlines and rules. This view is complimented by a respect for privacy, as evidenced perhaps by the use of private offices. A polychromic culture experiences a multi-focused concept of time. Time is elastic; relationships and involvement with others are a priority, as is shared

---

① Larry A. Samovar, Richard E. Porter, Lisa A. Stefani, *Communication between Cultures*, Beijing: Foreign Language Teaching and Research Press, 2012.

② F. Fukuyama, *Trust: The Social Virtues and the Creation of Prosperity*, New York: the Free Press, 1995.

space. Americans view time as monochromic, sequential, and absolute; time is money, and punctuality is crucial. This view varies from most Asian cultures where time is viewed as polychromic, repetitive, non-linear, and associated with other events[①]. These differences may result in misunderstandings between the parties in the negotiation process. Negotiators holding monochromic conceptions of time are more likely to process issues sequentially and to negotiate in a highly organized fashion, whereas negotiators with polychromic conceptions of time are more likely to process issues simultaneously while ignoring conversational turn-taking and using frequent interruptions[②].

6. Negotiators from cultures that place a high importance on punctuality and schedules are more prone to set deadlines and then make concessions at the last minute to meet the schedules than are negotiators from cultures that place less importance on punctuality and schedules. Over two thousand years ago, the Greek philosopher Sophocles observed, "Time is a kindly God." Cultures vary widely in their conceptions of time. Where they differ is in the value placed on the past, present, and future and how each influences interaction. Further, they may underestimate the importance their counterparts place on the negotiations if their counterparts arrive late and don't stick to schedules.

The importance of cultural factors may change during renegotiations because the parties already know each other. If the relationship was amicable in the original negotiations, that quality is likely to be carried over. However, if the past relationship has been hostile, the renegotiations may be suffused by even more suspicion and obstruction than existed during the original process.

---

① Wunderle, W. How to Negotiate in the Middle East, *Military Review*, March-April, 2007.
② Foster, D.A, *Bargaining Across Borders: how to Negotiate Business Successfully Anywhere in the World*, New York: McGraw-Hill,1992.

II. The Communication Strategies for Intercultural Differences in Business Negotiation

Different business settings may induce different types of negotiation behavior. The pace of negotiation process is but one example of cross-cultural negotiation differences. Direct versus indirect communication is often problematic in business dealings as well. In negotiations with many cultures, a "yes" really means "no". In some cultures, personal relationships take priority over the product or service, and therefore business does not begin until friendships are established. Decision making, "top down" versus group decisions, risk taking versus prudence, and individual values versus collective values also complicate the negotiation process. So that you understand these differences, we first turn our attention to some specific strategies for negotiation.

1. Negotiators from different national cultures may react differently to such variations in business settings. International business negotiators should know the essence of culture in business field, which includes language uses, thinking patterns, behavior modes, national characteristics, negotiation style, business customs, business laws and regulations and so on. Moreover, intercultural negotiators must be sensitive to likes and dislikes, preferences and taboos in your counterpart's culture. In addition, a competent negotiator has to adjust our language strategies even negotiation strategies according to the principles of cross-cultural communication. Negotiators between cultures ought to respect our counterpart's culture as our own. Business negotiation is just like playing chess, so language strategies are indispensable. Negotiators may find your counterpart's weakness in expressions or inside logics and use

your own strength to get the upper hand; Negotiators can change your standpoints and language strategies according to the changing situations; negotiators should be sensitive to the taboos in your counterpart's culture; negotiators should keep in mind that your language must serve our purpose, serve to realize your interests, to aggress as well as defend, to arrive at win-win end; negotiator's language must be profession and logical to resolve the problems and sometimes humorous to relax the tense atmosphere or break the stalemate.

2. In order to better understand the negotiation practices of other cultures, it is important for us to be aware of the standard negotiation practices in different countries. Americans grow up believing in the motto "He who hesitates in lost." Therefore, most Americans conduct business at lightning speed. It is not uncommon for contracts to be signed during the first business meeting. Communication is usually indirect, informal, competitive and at times argumentative. These negotiation practices are not found throughout the world. In much of Latin American, business negotiations are conduct at a much slower pace than in the United Sates. In Argentina, it may take several trips to accomplish your goal, partly because it takes several people to approve each decision that is made. Personal relationships are so important that if you do not have a contact or intermediary, you may well never get an appointment. For this same reason, Argentines prefer to deal with the same representative for each transaction, or the whole negotiation process begins again from scratch. ① In Mexico, relationships are important, and a great deal of time is spent building rapport before business proceeds. Mexicans are verbally expressive, and interactions often involve loud exchanges. These exchanges should not be taken personally, since

---

① E. C. Stewart & M. J. Bennett, *American Cultural Pattern: A Cross-cultural Perspective*, Yarmouth, ME: Intercultural Press, 1991.

embarrassing one's counterpart is generally avoided. ① Brazilians, like Argentines and Mexicans, enjoy bargaining and tend to make concessions slowly. In written agreements, there is the general assumption that unless each item of the contract is approved, it is open to continual renegotiation. Success in much of Latin American is tied to appearance. Business executives dress fashionably and expect their counterparts to embody this same aura of success.

3. The fact that managers' counterparts in negotiations come from countries with different cultures does not necessarily mean they will behave according to their culture's norm. First, a counterpart may be an exception to the country's norm. Second, a counterpart may know the other's culture and be adaptive to it. So managers should determine at the start whether they will adjust to their counterparts, allow their counterparts to adjust to them, or follow some form of hybrid adjustment. There are four strategic responses you might have if you were an international business manager in negotiations. The choice is highly dependent on how well you and your counterpart understand each other's culture.

Response 1. Induce counterpart to follow one's own script

Response 2. Follow counterpart's script

Response 3. Employ agent or advisor (involve mediator)

Response 4. Adapt to the counterpart's script (coordinate adjustment of both parties)

At one extreme, if you try to get your counterpart to adapt to you (Response 1), you need to convey that it is because of expediency rather than through lack of appreciation for the other's culture. At the other extreme, you may immerse yourself in your counterpart's culture, as in Response

---

① E. T. Hall& R. T. Hall, *Understanding Cultural Differences: Germans, French and Americans*, Yarmouth, ME: Intercultural Press, 1990.

2. For example, Coca — Cola sent personnel to Cambridge University to study the Chinese language and culture for a year before beginning a 10 year negotiation with a Chinese state — run organization. In Response 3, both you and your counterpart agree on go-betweens, middlemen, brokers, or other cultural negotiators. Response 4 is a hybrid of approaches, such as having both parties speak in their own language or moving negotiations different from what one might find in either culture. It might occur when parties have such global experience that they've lost elements of their home cultures.

Ⅲ. The Selecting Tactics for Cultural Difference in Business Negotiation

Once a strategy has been chosen, tactics must be devised to assure that the goals are attained. While many strategy categories can also be used as tactics, they differ in that the latter is usually a temporary measure devised to achieve a specific result. Tactical analysis of counterparts is also very important in choosing one's own maneuvers, and it's at the heart of proactive negotiating. Even sellers in the weakest position should avoid having a tactical array that's 100 percent reactive. As is true in almost all commercial endeavors, how something is accomplished has a great deal of influence on how much is accomplished. In highly publicized negotiations, the means may actually dictate the ends.

What tactics are available to the modern commercial negotiator? The choice of tactics is limited only by the ability, experience, acumen, and motivation of each negotiator. It can also be a matter of legal and illegal behavior. Aggressive has violent connotations in daily life, but in commerce it's used to describe the high end of proactive behavior. Aggressive tactics can run the whole process from arriving early for meetings to calling counterparts at home to discuss business. It literally means "to attack" and demands that you take the initiative when dealing with the opposition. It shouldn't be confused with tactics of intimidation, whose main design is to cause fear. The goal of aggressive behavior during negotiations is to control the time and the place of discussions.

Using intimidation as a tactic usually occurs when one side feels they've been backed into a corner on an issue that's very important to their strategy. Unable to win the concession by means of discussion, they attempt to do so by threat. This has worked in commercial negotiations of all types for centuries. It does have two requirements for effective use. First, the treat must be believable even if you have no intention of following through on it. Strength, or the illusion of strength, must be readily apparent to the opposition. If you have to explain your threat, it's no threat. Second, you must be capable of defending yourself if and when the opposition decides to respond in kind. If you can't take a punch, don't throw a punch.

Many consider forthrightness as a virtue, but it is also used as a tactic. Anytime someone starts a sentence with" to be frank with you ...", or "in all honesty ...", they've just switched to forthrightness as a tactics. By declaring their own honesty they hope to provoke a similar response in you, thereby getting to reveal something important. Forthrightness is most often used during a Pragmatic strategy to keep the discussions moving. It can be very potent when dealing with opponents who have adopted a basically deceptive strategy. By making a tactical call for honesty, you can force counterparts to alter their plans to some degree, though rarely completely. Forthrightness often brings about nothing more than recognition by the other side that they have to learn how to better deceive you. For some negotiators, forthrightness is merely a pose that covers the overall strategy. It may even be used as part of a grander deception. Forthrightness only requires the appearance of telling the truth. The "whole" truth can be held in reserve. If negotiators convince you they're being candid with you then they're successful practitioners of the tactic. Belief does not demand truth [①].

Conclusions

Cultural differences are often "play" to influence a negotiator's judgment. This can take the form of a host practitioner reminding the opposition of tis lengthy cultural history and contributions to civilization.[②] The different and diversified cultures bring out the challenges and the risks in a cross-culture negotiation, accordingly, a negotiator need to be sensitive and ready to adjust him to them so as to cope with them smoothly. Many practical examples demonstrate that culture characteristics really influence the success of Cross-cultural Business negotiation. To gasp abundant background knowledge of your counterpart to a certain extent will do great benefit.

This essay concludes that there are significant intercultural differences about negotiation skills, strategies and tactics. Culture impacts the negotiation process, and differing values and beliefs create challenges for intercultural negotiators in the negotiation process. The growth of international business demands a closer examination of cross-cultural differences in the perceptions and methods of the negotiation process. In order to promote an effective and successful negotiation, negotiators need to understand their counterpart's negotiation styles and have effective cross-cultural negotiating skills. While this study is an important step in

---

[①] Jeffrey Edmund Curry, *A Short Course in International Negotiation*, Shanghai Foreign Language Education Press, 2004, p.117.
[②] Ibid.

understanding the impact of culture on negotiation, it also suggests areas for future research. Future research should examine specific measures of time sensitivity, emotionalism of people in different cultures and negotiator's selection in actual negotiation situations.

我国外语教育中跨文化交际能力培养问题与对策

姚春雨*

内容摘要：随着我国外语教育规划从单一的工具范式逐渐发展为"工具-文化"双重范式，外语教育的目标也从语言基本技能的训练发展为跨文化交际能力的培养。当前，我国不同教育阶段跨文化交际能力培养缺乏有效衔接，存在教学要求高低不一、教学内容片面、教学评价方式单一等问题。针对上述问题，本文在回顾跨文化交际能力研究成果的基础上，结合我国外语教育的实情，提出了一些应对策略，以期对未来跨文化交际能力的培养有所帮助。

关键词：外语教育；跨文化交际能力培养；问题；对策

20世纪70年代以来，随着我国语言规划任务的演变，我国外语教育规划也发生了相应的变化，从单一的工具范式走向了工具范式和文化范式相结合的复合范式。外语教育的文化范式，本质上讲就是跨文化外语教育，旨在培养具有跨文化交际能力的新时代全球公民。[①] 进入21世纪以来，国际化、全球化和多元文化的时代特征更加凸显了跨文化外语教育的重要意义。在全球化背景下，几乎每个人都无法脱离文化多元化的生活或工作环境，人们需要具备在不同文化

---

* 作者简介：姚春雨，上海政法学院讲师，研究方向：跨文化交际、外语教学。
① 沈骑：《新中国外语教育规划70年：范式变迁与战略转型》，《新疆师范大学学报（哲学社会科学版）》2019年第5期。

间有效穿行的跨文化交际能力。因此,跨文化人才的培养是当前我国教育的一项重要任务,也是文化建设、国家建设所需要关注的重要课题。①

一、我国外语教育中跨文化交际能力培养存在的问题

有关跨文化交际能力的讨论近年来引发了我国外语界的广泛关注。在我国,外语教育的最终目标是要培养学习者的跨文化交际能力。贾玉新很早就提到"广大师生意识到语言能力教育已远远不能满足他们的需求,跨文化交际能力是外语教育的最终目的。"②张红玲认为,跨文化外语教学的总体目标是提高学习者的外语交际能力和培养学习者的跨文化交际能力。③金虹也认为跨文化英语教学的最终目的是培养学生的跨文化素质和提升学生的跨文化交际能力。④

胡文仲指出,我国外语教育似乎存在着将跨文化交际能力培养简单化的倾向,在某些教学阶段对跨文化交际能力要求过高。⑤我们需要研究和论证在教学的不同阶段对于跨文化交际能力如何规定。就教学大纲而言,在修订过程中不仅需要考虑在相应教学阶段恰当的要求和安排,而且还需要考虑中小学和大学教学的衔接。在实际教学中,由于缺乏可行性强及公认度高的能力培养框架,跨文化交际能力培养呈现无章可循、各行其是的状态,影响了外语教育的效果和质量。⑥

长期以来,我国基础教育阶段的英语教学侧重点都放在了语言知识的传授上,忽略了学生跨文化交际能力的培养,这使得学生在运用英语交流时出现表达不畅、文化误用甚至交际失败的现象。由此可见,在英语教学中建立完善的跨文化交际教学体系以及在教学实践中培养学生的跨文化交际能力已成为中小学英

---

① 李宇明:《试论全球化与跨文化人才培养问题》,《文化软实力研究》2016年第3期。
② 贾玉新:《跨文化交际学》,上海外语教育出版社1997年版,第3页。
③ 张红玲:《跨文化外语教学》,上海外语教育出版社2007年版,第192页。
④ 金虹:《英语教学中跨文化交际能力培养研究》,《课程·教材·教法》2015年第11期。
⑤ 胡文仲:《跨文化交际能力在外语教学中如何定位》,《外语界》2013年第6期。
⑥ 张卫东、杨莉:《跨文化交际能力体系的构建——基于外语教育视角和实证研究方法》,《外语界》2012年第2期。

语教学的重中之重。① 第八次"新课改"虽已对我国中小学课程标准进行了三次修改,但通过对其中跨文化交际能力的要求进行研究,发现仍存在定义不明确、培养不具体、目标过高的问题。② 除此之外,还存在跨文化交际能力教学评价方式单一化现象。我们知道,跨文化交际能力是一个复杂的能力综合体,内容涉及文化知识、情感态度和行为技能,显然,单一的传统笔试形式已无法满足整体能力的测评。

二、跨文化交际能力研究:定义与理论模型

跨文化交际能力是跨文化研究中的一个核心概念,自二十世纪五六十年代以来,国内外学者纷纷从不同学科视角开展跨文化交际研究,至今已经积累了丰硕的研究成果。

跨文化交际能力是一个内涵十分丰富的概念,国内外学者从各自学科领域给跨文化交际能力下了不少定义,可谓仁者见仁、知者见智。国内学者张红玲③从外语教学的视角将跨文化交际能力定义为:掌握一定的文化和交际的知识,能将这些知识应用到实际的跨文化交际环境中去,并且在心理上不惧怕,且主动、积极、愉快地接受挑战,对不同文化表现出包容和欣赏的态度。国外学者Fantini认为跨文化交际能力是交际者在与来自不同语言和文化背景的人们进行交际时,为了达到交际的有效性和适当性所具备的一系列复杂的能力。④

Deardorff⑤运用德尔菲法就跨文化交际能力的定义对24所美国高校行政

---

① 张卫东、杨莉:《跨文化交际能力体系的构建——基于外语教育视角和实证研究方法》,《外语界》2012年第2期。
② 辛静雯:《对新课改下中小学阶段跨文化交际能力的思考》,《黑龙江教育学院学报》2016年第7期。
③ 张红玲:《跨文化外语教学》,上海外语教育出版社2007年版,第72页。
④ Fantini A. E, Assessing Intercultural Competence: Issues and Tools. In D. K. Deardorff (Ed.), The SAGE Handbook of Intercultutl Competence. Los Angeles: SAGE, 2009, pp.456-476.
⑤ Deardorff D. K, Identification and Assessment of Intercultural Competence as a Student Outcome of Internationalization. Journal of Studies in Intercultural Education, No. 10, 2006.

主管和23名跨文化研究领域的知名学者进行了访谈后发现：(1)最受高校行政主管们欢迎的是 Byram[①]给出的定义："他文化知识；我文化知识；阐释和联系的技能；发现和/或互动的技能；尊重他人的价值观、信仰和行为，并能够进行自我认同。语言能力在其中发挥关键作用。"换句话说，跨文化交际能力就是在跨文化交往中有效交际所应具备的跨文化知识、技能、态度和文化批判意识。(2)跨文化学者们更加认同的跨文化能力定义是："交际者基于自身的跨文化知识、技能和态度，在跨文化交际情景中所表现出来的得体、有效的交际能力"。

尽管国内外不同学者对跨文化交际能力的定义不尽相同，但他们基本认同跨文化交际能力应该包括积极的情感态度、充分的跨文化知识和恰当、有效的跨文化交际技能三个维度。基于跨文化交际能力的定义与内涵，国内外学者从不同视角建构了很多跨文化交际能力理论和实践模型，丰富了我们对跨文化交际能力的了解。本文主要对 Byram 的跨文化交际能力模型[②]、Deardorff 的金字塔模型和过程模型[③]以及张红玲和姚春雨的中国学生跨文化能力发展一体化模型[④]进行简单评析。

Byram 的跨文化交际能力模型从欧洲外语教育视角出发，以培养全球公民为目标，在强调外语语言能力的前提下提出了一个包括跨文化知识、跨文化态度、跨文化技能以及文化批判意识的跨文化交际能力模型。[⑤] 该模型在欧洲乃至中国外语教育领域都颇具影响力。该模型有两个显著特点：一是综合考虑了语言教学目标和跨文化交际目标，将语言交际能力和跨文化交际能力融合在了一起，弥补了先前语言教学领域忽视文化教学意识和跨文化交际研究领域忽略外语语言能力培养的不足。二是将文化批判意识纳入了跨文化交际能力模型之中。身处经济全球化和文化多元化的时代背景下，我们无法避免与来自不同文化背景的人们交流往来，具备一定的文化批判意识不仅可以增强自身的文化自信，同时也可以更好地理解他者文化，从而促进跨文化沟通。该模型的不足之处

---

① Byram M, *Teaching and Assessing Intercultural Communicative Competence*, New York: Multilingual Matters, 1997.
② 同上。
③ Deardorff D. K, Identification and Assessment of Intercultural Competence as a Student Outcome of Internationalization. *Journal of Studies in Intercultural Education*, No. 10, 2006.
④ 张红玲、姚春雨：《建构中国学生跨文化能力发展一体化模型》，《外语界》2020年第4期。
⑤ 同①。

在于：其建构视角带有明显的西方色彩；并没有考虑不同教育阶段学习者的外语水平对自身跨文化交际能力发展的影响。

Deardorff 从美国高等教育国际化视角出发，建构了跨文化能力金字塔模型和过程模型。[1] 两个模型均涵盖跨文化交际所必备的态度、知识和技能三大要素，除此之外，还包括了所期望达到的内部结果和外部结果。就跨文化交际能力的发展顺序而言，金字塔模型所呈现的是一个由下而上的发展结构，态度是获取知识和提升技能的前提，与知识和技能这三大要素又是形成所期望的内部结果的基础，进而达到所期望的外部结果。过程模型强调的是跨文化交际能力的发展是一个复杂、且长期的过程。在两个模型中，Deardorff 并没有把交际者的（外）语言能力纳入其中，原因是她认为（外）语言能力不会对个人的跨文化交际能力产生太大的影响，这显然不太符合我国外语教育的现实要求。

张红玲和姚春雨在充分借鉴国内外跨文化交际能力研究成果的基础上，提出了中国学生跨文化能力一体化发展模型。[2] 该模型基于多元文化的生活和工作两个语境，以培养全球公民为目标，立足中国语境，涵盖认知理解、情感态度和行为技能三个层面的 19 个要素。其中，认知理解是指对文化知识的了解和掌握，也是教师在教学中培养学生跨文化能力的出发点，这是因为学生首先是从对外国文化知识的学习以及中外文化的比较中来产生跨文化意识，进而逐步养成积极、开放的跨文化情感态度，在跨文化交际实践中不断提升跨文化技能。该模型主要有两大特点：一是强调跨文化能力与外语能力同步发展，即跨文化能力的发展离不开外语能力的提升；二是将跨文化能力的培养融入小学、中学和大学全学段教育，意味着跨文化能力的培养需要从小学阶段开始，贯穿整个学校教育，且在各个学段之间形成有效的衔接。这是国内首个基于我国外语教育语境和学情提出的面向各学段学生跨文能力发展的一体化模型，解决了各级各类英语教学大纲中对跨文化交际能力的培养认识不统一的问题，也为未来制订贯穿小中大学学生跨文化交际能力发展规划提供了理论基础。

通过对跨文化交际能力定义及其理论模型的回顾可以得知，首先，跨文化交

---

[1] Deardorff D. K, Identification and Assessment of Intercultural Competence as a Student Outcome of Internationalization. *Journal of Studies in Intercultural Education*, No. 10, 2006.
[2] 张红玲、姚春雨：《建构中国学生跨文化能力发展一体化模型》，《外语界》2020 年第 4 期。

际能力的内涵十分丰富,是文化知识、情感态度和行为技能等内容的综合体,任何一个方面的缺失或不足都会对其整体能力产生影响,这要求在跨文化交际能力的教学中明确教学目标、细化教学内容。此外,对学生的学习成效进行评价时应采取多元化而非单一化的评价方式。其次,跨文化交际能力的发展和提升是一个长期的过程,不是短期内通过课堂学习就可以实现的。因此,大纲设计者在制订跨文化交际能力培养方案时,要有长期规划,要考虑到不同教育阶段学生跨文化能力发展的连续性和层次性。

三、我国外语教育中跨文化交际能力培养问题之对策

(一) 建立大中小学之间的有效衔接,明确各学段之间的层次性

回顾我国各级各类英语教学大纲可以发现,大纲制定者对跨文化交际能力的认识不够统一,导致不同教育阶段之间跨文化交际能力的培养缺乏连贯性和系统性。原因之一是在大纲制定前没有一个相对完善的、能够贯穿各学段的跨文化交际能力教学指导性框架或理论可供参考。张红玲和姚春雨提出的中国学生跨文化能力一体化发展模型[1]为解决这一问题提供了可能,为有效衔接不同教育阶段学生的跨文化交际能力发展提供了理论基础。因此,笔者建议未来的英语大纲制定者可以结合不同教育阶段外语教学目标,依据张红玲和姚春雨的中国学生跨文化能力一体化发展模型,制定贯穿小学、中学和大学各学段的跨文化交际能力培养一体化教学与评价参考框架,在培养目标和要求方面保持一致性和递进性,在培养内容方面保证全面覆盖和重点突出,在教学资源方面保障丰富性,最终实现不同教育阶段的有效衔接。在这个过程中,还需要对不同教育阶段学生应该且能达到的跨文化交际能力发展目标进行科学的研究和论证。

---

[1] 张红玲、姚春雨:《建构中国学生跨文化能力发展一体化模型》,《外语界》2020 年第 4 期。

（二）平衡跨文化交际能力各方面教学内容，丰富教学形式

跨文化交际能力的培养比较复杂，要从文化知识、情感态度和行为技能三方面全方位开展，但教师不能厚此薄彼，把跨文化交际能力的培养简化为文化知识的掌握和吸收，造成教学内容的片面化。跨文化情感态度的培养和跨文化行为技能的训练同样重要，教师应该结合不同教育阶段学生的认知水平和心理特征，依据跨文化交际能力的发展规律，有效实施跨文化交际能力的整体培养。如在教学内容设置上，小学阶段的文化知识学习尽量结合教材主题以及和日常生活和学习密切相关的内容知识，中学阶段可以在教材内容的基础上逐步向外拓展教育类电视电影节目等，大学阶段可以更多涉及全球热点、国际合作与竞争等话题。在教学形式上，对不同教育阶段的学生应采取不同的教学形式，如在小学课堂上，教师可以将跨文化交际能力的培养融入有趣的活动或游戏当中，使学生潜移默化地获得能力的提升。研究表明，处于小学阶段的儿童因其价值观尚未完全定型，更容易培养积极、开放的跨文化情感态度。在中学阶段，教师可以运用文化对话、角色扮演等活动形式帮助学生获取跨文化知识、体验跨文化情感、提升跨文化技能；对大学生而言，教师可以通过给学生布置实地调研、访谈、展示表演的小组活动等形式来提升学生的跨文化交际能力。

（三）实施多元化的评价方式，有效促进跨文化交际综合能力提升

有效的教学离不开科学的评价方式。我国现有英语教学大纲中对跨文化交际能力教学如何实施科学的评价并没有给出具体的建议。鉴于跨文化交际能力本身的复杂性和综合性，传统的单一教学评价方式无法满足跨文化交际能力培养的所有内容，因此，应采取形成性评价和终结性评价相结合的多元化评价方式。文化知识的评价可以采取传统的纸质试卷形式，但这显然不适合情感态度和行为技能的评价。在情感态度方面，教师可以要求学生及时记录每次上课后的学习收获、反思以及跨文化态度方面变化等，教师可以通过学生的点滴进步或

变化来评估他们的跨文化交际能力发展情况。在行为技能方面，教师可以创设跨文化交际情景或设计跨文化交际实践活动，通过观察学生在交际实践中的行为表现对其进行考核。除此之外，教师也可以采用访谈和量表的形式来对学生的跨文化交际能力进行评估。

四、结　语

当前，我国的外语教育规划已从单一的工具范式走向了工具—文化双重范式。外语教育的目标不仅是掌握一门语言技能，而是在掌握语言技能的基础上获得与来自不同文化背景的人们在生活或工作语境中进行友好相处、高效合作的能力。回顾我国现有的各级英语教学大纲中对跨文化交际能力的论述和要求，存在诸多方面的问题，如大中小学各学段之间的连贯性，跨文化交际能力教学目标、内容和要求适切性，以及有效的教学评价机制等。对于上述问题，本文最后提出了一些初步的应对策略，也期待更多研究者能够为我国不同教育阶段外语学习者的跨文化交际能力培养提供更有价值的研究成果。

教育教学思辨

新文科背景下外语教育的人文本位[①]

沈 燕[*]

内容摘要：语言学习应该是提升人文修养的过程。外语教育更应体现其人文学科的特点，使学习者通过学习，不仅掌握语言技能，而且提升人文素质。本文试从课程设置、教材选择、教学方法、教学资源和教师素质五个方面来探讨外语教育如何实现提高学生的语言技能和提升学生人文修养这一双重目标。

关键词：外语教育；语言技能；人文素养

在"新文科"建设背景下，外语专业要落实立德树人、育人育才的根本任务。[②] 要培养出基础扎实、学有专长、思路宽广、有良好身心素养和较强处事能力的学生，外语专业必须突破传统的仅重视语言技能学习的机械教学形式，建立重视培育人文素养的立体式、全方位的教育模式。

---

[*] 作者简介：沈燕，上海政法学院语言文化学院讲师，研究方向：应用语言学。
[①] 本文是上海政法学院2021年校级课题"《综合英语》翻转课堂教学活动设计与实施的行动研究"（项目编号：2021XJ10）的部分成果。
[②] 石琳霏、姜亚军：《中国英语教育四十年反思及其对新文科背景下英语专业建设的启示》，《外语教学》2020年第3期。

一、外语教育应该回归人文

(一) 大学的主流应该是"育人"

大学之道,在明明德。大学教育的根本是培养德才兼备的高素质人才。[1] 而在科学技术突飞猛进,教育的功用主义观尤为突出的今天,提高大学生的人文素养尤显重要。大学教育应该不仅能让学生获得专业才能,而且应该让学生受到优秀文化的滋养和高雅文化的熏陶,促进学生人性境界的提升,理想、人格的塑造以及个人与社会价值的实现。科学知识推陈出新、日新月异,然而人文精神一经内化却是根深蒂固的。[2] 科学求真,人文求善,人性的提升是科学技术得以正确应用,进而成为促进社会进步的保证。社会的和谐发展需要的是有专长、有品德、有灵魂的创造者,而不是庸俗、刻板的机器。无论大学教育培养的是"通才"还是"专才",要培养具有较高人文素养的学生是其根本。"育人"是大学永恒不变的主旋律。

(二) 外语专业属于人文学科

外语专业在中国长期被误认为是一门以培养语言能力为目标的应用型学科。而事实是,自从设立以来,外语专业就一直被定性为人文学科[3]。人文学科不同于理工学科,它不仅仅以增长知识、创造价值为目的,人文学科还旨在通过学习,提升学习者的世界观、道德观、价值观,培养其爱国情操,提高其综合素养。形而下者为之器,形而上者为之道。如果外语专业的学习只停留在字、词、句、语法层面,而忽略了其形而上的"道",即文化的精神层面,未免有些"只见树木,不见森林"了。外语专业的学习应该既是传授语言知识,培养交际能力,又是强化

---

[1] 杨叔子:《是"育人"非"制器"》,《高等教育研究》2001年第2期。
[2] 时伟、薛天祥:《论人文精神与人文教育》,《高等教育研究》2003年第5期。
[3] 胡文中、孙有中:《突出学科特点,加强人文教育》,《外语教学与研究》2006年第5期。

文化熏陶,提高个人修养的过程。通过学习,提升学生整体的人文素养,才是重中之重,也是发挥专业优势。

(三) 发挥专业优势,实现"教"与"学"的双赢

语言的学习是一个认知的过程,是思维方式的拓展、价值观念的重塑和人格结构的重组。外语学习本身就是一种人文学习[①],它包括了丰富的知识层面,在文学、艺术、音乐、体育、政治、军事、宗教、历史乃至自然学科等领域为学生的个性思维能力发展提供了广阔的空间,为学生人文素养的提升提供了良好的示范。在外语学习过程中,学生能够多侧面、多角度地观察和思考世界,不但能提高语言技能,也可以提升自身的价值追求、伦理观念、群体意识、生命激情、生活方式和思维方式,甚至可以帮助学生提升能够推动人类社会发展的反省意识、远大理想、民族精神以及政治信仰。同时,外语学习的实践性又能锻炼学生的适应能力和心理素质。这是语言学习特有的教育、教养作用,是外语专业在提升学生人文素养方面的学科优势[②]。

通过学习,学生的综合人文素养得以全方位的提高,从而实现"教"与"学"的双赢局面[③]。于学生而言,人文素养的提高必将给他们带来更强大的理解能力和思辨能力,从而增强学生的学习能力和社会竞争实力,增加将来的就业机会。于学校而言,学生综合人文素养的提高无疑能促进外语教学质量的提高,推进外语教育改革的成功。

二、如何将提高语言技能与提升
人文素养相结合

学生人文素养的提高离不开教育的宣扬和烘托。大学里的人文教育不应该

---

① 龚献静:《大学英语教学与人文素养的培养》,《山西农业大学学报》2004年第3期。
② 孙敏:《英语教学中的文化素质与综合素质教育探索》,《黑龙江高教研究》2007年第3期。
③ 陈凡、郑勇:《大学英语教学与大学生人文素养的提升》,《中国成人教育》2008年第4期。

是概念化、形式化的知识表达和传输,使机械的人文知识教育取代高尚的人文精神传输。我们的教学从形式到内容都要营造出人文精神的氛围,致力于提升学生的人文素养,不论什么课程,自然、社会或者人文本身,都可以实现人文教育的目标[①]。

要实现学生既掌握语言技能,又提高人文素养的教学目标,就需要建立重视人文素养培育的立体式、全方位的教育模式,需要改进或改革涉及教学的方方面面。本文试从以下五个方面来探讨如何实现这一教学目标。

(一) 课程设置

课程的设置应该以学科的专业特点为出发点。提高学生的人文素养不能以降低学生的专业水平为代价。一个人的素质的高低,修养的好坏是一定知识、经验和能力综合而成的结果,没有一定的知识就不可能有相应的修养。所以知识是基础,没有知识,就愚昧、无知、野蛮、落后,就不可能有好的修养。外语专业的学生既要专业过硬,又要具备良好的人文修养,那么外语专业的课程就必须"抓基础,重人文"。

专业技能的训练方面,应重视"写"的作用。实践证明,"以写促学"是中国学生学习外语比较切实可行的方法。语言能力分为输入能力和输出能力。在语言的学习过程中,输入能力和输出能力相互促进,学习者的综合语言能力得以提高。由于语言环境的局限,中国学生在学习外语过程中进行了大量听和读的输入技能的训练,而说和写输出技能的操练相对有限。相对于"说","写"的训练所受的条件限制相对少一些。因此,我们可以把"写"作为提高学生语言输出能力的切入点,以"写"促"说",以"写"促"学"。在写作的过程中,学生有机会把已获得的接受性知识转化为表达性知识,提高表达技能的自动化程度;写作本身还是一个思考的过程,因此,通过写作,还能加强学生思维的敏捷性、条理性,甚至可以提高学生思维的深度和广度。

---

① 徐亚辉:《大学英语人文教育创新研究》,《黑龙江高教研究》2007年第2期。

1. 可以开设中国文化课

语言的作用在于交流，学习外语的目的之一就是实现不同文化间的交流。而事实是，我们很多外语专业的学生片面地重视目的语语言、文化知识的积累而淡化了母语的修养，结果，普遍缺少母语文化基础，不仅对语言学习造成负面影响，甚至缺失了对民族文化的热情，有的甚至"非古讽今，崇洋媚外"，这显然违背了教育的初衷。外语专业开设中国文化课是"两手抓"之举①。母语文化的学习，不仅能扩大外语专业学生的知识储备量，促进知识的平衡，又能帮助学习者从不同的角度了解目的语，培养他们的文化敏感度和辨别能力，减少文化冲突，从而顺利完成双向文化交流。五千年的中华文明博大精深，浩瀚如海，是任何一种文明都无法替代和超越的，母语文化的学习还能帮助学生欣赏和传承自己的民族文化，激发学生的民族自豪感和爱国热情，培养爱国主义精神，树立民族自尊心和责任感。作为一门课程，可以将中华民族主要的优秀文化组合一体，分不同的章节进行传授，如古代的哲学思想、宗教信仰、古典文学艺术、建筑、民俗文化等，聘请各专业老师主讲。这样做既能让学生全面地了解母语文化的精髓，又避免了开设过多的课程，而造成资源浪费。

2. 增设课外阅读（课）

读书少，是现在大学生的"通病"。有些外语专业的学生，大学四年除了教材和参考书，几乎没有通读过外语原著，不仅语言能力大打折扣，自然也影响了其人文修养的提升。针对这种情况，外语专业的日常教学中应硬性规定课外阅读，每学期规定必要的课外阅读书目，内容可以包括文化介绍、评论、论文、原著等，严格督促，并用读书报告等形式加以考核，使学生通过阅读提高语言能力，拓宽知识面，扩展想象力和思维能力，增强人文素养。

3. 在师资条件允许的情况下，增加选修课的种类

或通过跨专业选修的方式，让学生根据自己的兴趣所在选择课程，尽量满足

---

① 陆全：《论外语教学中的中国文化教育》，《内蒙古师范大学学报（教育科学版）》2004年第5期。

学生的求知需求。选修课不仅可以弥补学生知识结构的不平衡和专业学科的局限,而且还可以是专业提升课,不仅可以向学生开设文学、历史、艺术等相关专业课程,更可以给文科学生开设一些哲学、数学、逻辑等提高思辨能力的课程,实现学生知识结构的全面提升,综合能力的全面提高。

总之,课程设置应该处理好学好专业和提高修养之间的关系,既应顾及人文教育的内容,还应关照专业含量;不仅应推进素质教育,更应促进英语专业的教学水平及教学效果的提高。

(二) 教材选择

教材不仅是外语专业学生学习语言基本功的媒质,更应该是提升学生的人文修养有效渠道。因此,教材的内容应尽最大可能给学生提供原汁原味的语言素材,使学生从基础开始就能学到地道的目的语,增强语言意识;教材的范围应尽量广泛,可以涉及家庭生活、伦理道德、惊险经历、未来世界、文化教育、网络科技、社会问题等各个方面,体现文化教育和人文教育的特点,使学生在学习外语的同时,扩展个人视野,提高人文素养[1]。

(三) 教学方法

外语专业的学生既要提高语言技能,又要提升人文修养,课堂教学就不能只停留在字、词操练和语法分析的层面,而必须从语篇出发[2]。

从语篇出发,帮助学生分析课文的宏观结构,引导学生认识不同类型的课文结构框架,段与段之间的逻辑关系,体裁和文体的关系等,培养学生掌握语篇宏观结构的能力,提升学生的阅读能力;在语篇的层面上讲授语法,帮助学生认识语法形式如何服务于内容,提高学生的写作技巧;从语篇出发,利用课文语境,引导学生深入理解词汇语义,帮助学生探索遣词的技巧,提高学生使用语言的得体性。

---

[1] 许艳秋:《大学英语教学中的人文教育》,《东北大学学报》2002 年第 3 期。
[2] 寄影:《语篇分析与精读教学》,《解放军外语学院学报》1998 年第 1 期。

从语篇出发，结合文化背景，可以培养学生对语言和文化差异的敏感性。语言学习的过程中，学生不仅要学习语言现象和语言形式，更要探索目的语使用者怎样通过语言形式——从单词、句子到整个语篇——体现本民族的文化、价值观及思维方式。语篇教学就非常有利于培养学生的文化意识。由于语篇教学强调环境对语意的影响，学生外语学习中文化意识的培养自然受到最大程度的重视。课堂教学的实践也证明，从语篇出发，才能真正理解语言形式如何体现一个民族的文化、价值观和思维方式，从而使学生获得语言中的精神，实现语言技能训练和人文修养提高的有效结合。

此外，教师在课堂教学中要避免知识说教，把知识体系静态地传授给学生，而应重视学生的体验与参与，让学生通过自己的亲身体验，使人文知识所体现的人文意义在心中生根。毕竟，我们的教育教的是人，人有思想，有感情，有个性，有精神世界，如果忘了这一点，教育就失去了一切。

（四）教学资源

合理利用互联网教学资源。互联网技术在外语教学中的应用改变了传统课堂教学单一的模式，丰富了课堂活动，提高了教学效果。互联网资源内容丰富多彩，语言材料"原汁原味"，贴近生活，真实性强，学生能轻轻松松地在声像并茂的学习环境里学习地道的语言，领略其中的文化内涵。不仅如此，多媒体技术的应用也为学生赏析各国艺术，读解作者及其作品提供了帮助。通过视听手段，学生可以对作者，其创造的艺术形象及创作背景有较直观的了解，进而对作品有更好的理解和把握。不过，网络资料也有其局限性。教师在选择互联网教学资料时，必须做好认真的比较、选择和准备，确保所用资料的质量能达到预期的教学效果。

充分利用图书馆资源。应该鼓励学生在课余时间多上图书馆，多阅读书籍。读书不仅使人充实，相对于影视作品的直观、炫丽，阅读虽然单调，但是对信息的一种主动获取；阅读有利于人的思考能力和想象力的发展，这是观看影视作品这种被动接收信息的方式所无法实现的。对于外语专业的学生而言，阅读不仅是提高语言技能的方法之一，也是修身养性、提升个人修养的有效途径。

(五) 教师素质

"新文科"背景下外语教育迎来新的挑战,外语教师肩负新的使命。建立教学与科研的联动机制、提升教师的教学学术能力,对外语教师进行课程与教学创新、提高人才培养质量至关重要①。

教师还应有良好的职业道德。教师的责任是通过"教书"达到"育人"的目的,所有的教师都应该有这样的教学理念,并自觉地在教学活动中予以实践。所谓"亲其师,信其道",教师本身的言行在平时的教学活动中对学生起着示范作用,外语专业的教师不仅要向学生传授语言知识,更要向学生传输做人的道理,提升学生的人生境界。因此,教师在平时的教学活动中要以身作则,用严谨治学的态度引导学生树立踏实的学风,用积极向上的处事态度引领学生树立健康的人生观。教师更应尊重学生。师生之间应该是平等、对话的关系,教师既不是学生知识和道德的源泉,也不是搬运工,教师无权支配学生,不应该把自己的道德观和价值标准强加于学生,教师要避免非人格的知识专制,要尊重学生的存在,把学生当作人而非物来对待,要时刻牢记人是有灵魂的。忘记了人的灵魂,教育也就丢失了灵魂。

三、结 束 语

教育的本质在于促进人的发展。教育的目的在于把社会需求、学习者的需求以及知识内在逻辑结合起来,使学习者在知识、能力和情感等方面全面发展。21世纪,物质文明和精神文明高度发展,我们的教育不仅要培养和谐和全面发展的人,更要培养与高度文明相匹配的人。当前,大学生的人文素养教育已经成为世界高等教育发展的潮流之一,也是我国高等教育改革和发展的目标和方向。作为教育工作者,我们的目标是努力提高大学生的人文素养,实现大学生的社会行为示范作用,引领社会文明。

---

① 石琳霏、姜亚军:《中国英语教育四十年反思及其对新文科背景下英语专业建设的启示》,《外语教学》2020年第3期。

信息化时代知识和学习的特点与网络英语教学

黄红伟[*]

内容摘要：疫情防控期间的网上授课使在线教育得到了很大程度的普及。这与近些年教育信息化的发展不无关系。本文分析了信息化时代知识和学习的特点，并在此基础上提出了网络英语教学的理念和方式。

关键词：在线教学；教育信息化

一、信息化时代的知识与学习特点

（一）信息化时代的知识

网络时代，信息超载与知识碎片化是信息与知识的最大特点。信息超载是指由于网络技术的不断发展，世界的信息和知识都处于大爆炸状态，造成信息量大，信息接收者所接收的信息远远超出了其信息处理能力。信息与知识主要承载形式也慢慢由纸质媒体转移到网络，人们获取信息与知识的途径也随之由各种印刷品转移到网络。加拿大著名学者、关联主义学习理论提出者乔治·西蒙

---

[*] 作者简介：黄红伟，上海政法学院讲师，研究方向：社会语言学、翻译理论与实践、外语教学。

斯,将网络时代的知识比喻为河流或管道里的石油,提出了"知识流"的概念。他认为,今天的知识不再是静态的层级和结构,而是动态的网络与生态。知识更新速度非常快,半衰期较以前大大缩短,出现了所谓的"软知识"和"连通性知识",甚至认为今天的"知识很难被定义"。网络阅读最常见的方式是碎片式的,往往每隔很短一个时间就跳到另一个不同的网页。网络可根据读者的不同需要生成多种形式,每一个网页可视为一个信息与知识的"碎片",根据信息(知识)接收者的指令,这些碎片可以重构出不同的整体。比如,搜索菜单形式、百度百科形式、百度知道(问答)形式、全图片形式、全视频形式、全音频形式、电子杂志形式、RSS 订阅形式、其他自动推送形式等。还可以根据信息(知识)提供者要求,生成博客形式、微博形式、微信形式、公开课形式、慕课形式、游戏体验形式、资源库形式、专题网站形式、其他数据库形式等。总之,碎片与重构就是互联网组织信息与知识的基本方式,这种方式不仅改变了知识,也改变了学习。①

(二) 信息化时代的学习

网络时代的学习以碎片化为显著特点,碎片化学习又分三种:第一种由知识碎片导致的学习碎片化。碎片化把知识由整体分裂为多个相对较小部分。其本质是知识的部分与整体、部分与部分之间的关联被中断或弱化,变得杂乱无序,以至于难以形成完整的体系。知识碎片化、学习碎片化进一步导致思维碎片化。第二种是由时间碎片化导致的碎片化学习。指的是学习者利用碎片化时间、碎片化资源、碎片化媒体进行非正式学习。第三种学习介于前两者之间,有学者称为即零存整取式学习。这种学习是个体基于明确的动机开展的自发性学习,它不全是碎片式的,有一定的系统性;但又并非严格按照学科知识体系进行系统学习,而是根据学习者个人的兴趣和需要,由一个接一个的问题所引导的学习。它像蜘蛛织网一样,由最初的问题出发,不断向外围扩大学习的范围。它最终建立的不是共性化的知识体系,而是个性化的知识体系。这种知识结构更有

---

① 王竹立:《重新认识知识和学习》,《企业文明》2017 年第 6 期。

利于问题解决和知识创新,更高效也更少冗余①。

碎片化学习具有学习时间更可控更灵活、分割后的学习内容更容易获取、学习时间短更容易维持学习兴趣、更方便碎片化时间的有效利用、知识的吸收率有所提升等方面的优势。

(三) 信息化时代的外语教学环境

信息化时代的外语教学环境更加智能化,高度智能化的互联网能让学习者能够在任何时间、任何地点获取由智能化环境所提供的丰富资源和知识建构工具。教育服务的供给主体不仅包括学校,还包括能提供教育服务的机构和各种互联网络。学生可以从校内、校外获取学习服务,实现校内校外、线上线下融合的一体化教育服务体验。以英语学习为例,目前就有很多如 BBC 听力,VOA 听力等微信公众号和学习 APP,提供每日更新的听力材料。

二、外语教学信息化进程

信息技术对教育具有革命性的影响,技术时代"互联网＋"教育促生了在线教育,最早是慕课(Massive Open Online Course,MOOC),其主要的特征是:大规模和开放性,不仅学习人数众多,大部分慕课还是不收费的,这样的慕课更多属于一种公益行为。随着时间的推移,出现了校内私播课模式,这种模式是将常规慕课引入学校,只对校内学生开放,课程一般由学校或教育机构组织开发。其中又分为两种类型:一种是单纯的线上学习,即让学生通过在线课程视频自主学习,并完成课程中布置的练习或考评,即可获得一定学分;另一种是翻转课堂模式。学生不仅要学习线上课程,还必须参加教师组织的课堂教学活动,把在线学习与课堂交流练习结合起来,实现深度学习目标,人数一般在数十人到百余

---

① 王竹立、李小玉、林津:《智能手机与"互联网＋"课堂——信息技术与教学整合的新思维、新路径》,《远程教育杂志》2015 年第 4 期。

人,考核与评价一般以线下为主。校内私播课模式,结合了线上学习和线下课堂教学两方面的优点,可以有效解决常规慕课中存在的一些老大难问题。其完成率很高,对学习的监管比较到位,学习效率较高,学分和成绩可信度也较高。①

在外语教学信息化进程中,人们对技术的作用有一个逐渐认知的过程。最初,人们的认识只停留在计算机辅助的功能上,即通过计算机上的固定资源帮助学习者进行强化学习和操练,这种方式称为 CALL computerassisted language learning)(Warschauer,1998;Chapelle,2001)。随着计算机技术的快速发展,计算机学习资源日益丰富,计算机的功能也已远远超出其辅助的作用,逐渐从辅助的地位走向了教学的前台②。为了使信息化环境和资源得到更有效的利用,不少学者认为计算机应该成为教学的常态工具(normalized tool)。此后,日新月异的信息技术把分散的资源聚合起来并进入了社会生活的各个领域,人们发现语言教学中的常态化难以达到高效利用资源促进语言教学的目标,必须与课程整合起来,成为课程的有机组成部分③,这样可以大幅度提升教学效率,使技术支撑课堂教学和课外的自主学习④。然而,随着互联网的发展,计算机把"海量"的数字化资源连接了起来⑤,局部整合的课程根本不能使大量资源得到合理的选择和充分的利用。只有把信息技术与教学进行深度融合,"海量"的资源才能发挥作用⑥,于是信息化时代的"深度学习""智慧教学""云课堂"等新理念进入了教育领域,这是信息技术高度智能化发展的必然结果⑦。正如阿法狗(AlphaGo)战胜世界围棋冠军,就是借助于人工智能的深度学习,打破了人类长期以来有关围棋走法的传统逻辑,同时也说明基于大数据的高度智能化的信息

---

① 王竹立:《在线开放课程:内涵、模式、设计与建设——兼及智能时代在线开放课程建设的思考》,《远程教育杂志》2018 年第 4 期。
② 陈坚林:《大学英语网络化教学的理论内涵及其应用分析》,《外语电化教学》2004 年第 6 期。
③ 李克东:《数字化学习(上)——信息技术与课程整合的核心》,《电化教育研究》2001 年第 8 期。
④ 陈坚林:《大学英语教材的现状与改革——第五代教材的研究构想》,《外语教学与研究》2007 年第 5 期。
⑤ Siemens, G: Connectivism: A Learning Theory for the Digital Age. *Instructional Technology & Distance Learning*, 2005, (1).
⑥ Baker, R & K. Lacef: The State of Educational Data Mining in 2009: A Review and Future Visions. *Educational Data Mining*, 2009, (1).
⑦ Kennedy, J: Characteristics of Massive Open Online Courses (Moocs): A Research Review, 2009–2014. *Journal of Interactive Online Learning*, 2014, (1).

技术正逐步改变着原有的社会生态,包括我们的外语教学。①

此次疫情期间,我们就利用超星学习通、泛雅平台和 U 校园,采取了云课堂的教学模式。

三、网课的设计理念和形式

信息超载与知识碎片化使信息时代学习面临两大挑战。网络教学如何能够做到让学生学习不头疼,不仅需要符合网络时代信息知识特征和学习特点,也要结合学生的知识基础、自主学习能力和学习积极性等因素来考虑。

(一) 践行以学生为中心、以学习成效为中心的教育教学理念

网络学习对学生学习的主动性、自觉性要求很高,需要践行以学生为中心的理念,削弱传统的"教师中心的知识灌输",强调同伴之间的联结与互动,并将课程的主体由教师转向学习者以及同伴间的联结与互动,使学习者能主动学习。教学更加强调通过精心设计问题、准备资源与工具、设计学习活动,引导学生在逐步解决问题的过程中完成智慧学习和深度学习。

(二) 建立智慧学习社区

疫情期间的网络教学是通过建立移动学习社区把学生集中在一起。现在有很多这类的手机教学平台,它们能够将老师与学生组织在一个虚拟的移动课堂里,老师的教与学生的学都可以被记录下来,易于监控,还可以通过大数据分析进一步改进教学,构成以动态学习数据分析为核心的智慧学习支撑环境,能够做

---

① 陈坚林、牧青:《信息化时代外语教学范式重构研究——理据与目标》,《外语电化教学》2019 年第 2 期。

到教学决策数据化、评价反馈即时化、交流互动立体化、资源推送智能化。老师通过云课堂,把每次的学习内容提前发布,并组织学生按时签到,观看录课,集体讨论,还能根据学生线上学习过程中所提出的问题和遇到的困难,有针对性地解决学生的疑问。

(三) 网课设计微课程化

为满足碎片化的学习需求,网课设计要微课程化,课程主要是在移动终端(特别是手机)上学习,其内容要符合碎片化学习的习惯,课程设计要微课程化,每个节段的时长尽量控制在 10 分钟以内,以 5 分钟为佳。要参照微课设计特征,"坚持从'微'入手,形成微内容、微视频、微素材、微课件、微练习、微答案与微反馈的循环"[①]学生在线上通过与平台之间"人机互动"的模式获取知识。因此,在线课程的内容设计一定要符合网络学习的特点,切不可机械地将传统课堂搬到线上平台。

以微课为基础的翻转课堂拥有时效性、灵活性以及微观性强等优势,可以使学生参与课堂知识学习的兴趣与欲望得到有效提高。所以,在开展英语教学时,应该将在线英语教研室以及教学团队的力量充分整合到一起,然后以此为基础展开线课资源以及 SPOC 课程的设计开发,并引导学生在完成相应课程视频观看以后,在线展开文献阅读、主题讨论以及问题回答等实践活动,以此来提高课堂教学质量。另外,教师应该打造跨媒体交互平台,推动师生展开更为密切的线上互动,营造更为良好的师生关系,帮助学生更好完成疑难用例解答,进而为学生的全面发展提供更有力的支持和保障。

(四) 网课要有丰富的交互式手段

传统上课模式是在教师严格约束下进行的,属于他律教学模式。网课主要是学习者自主完成课程内容的学习,属于自律性学习。不在教室不见面,降低了

---

① 靳琰、胡加圣、曹进:《慕课时代外语教学中的微课资源建设与翻转课堂实践——以西北师范大学〈英国文学史〉为例》,《现代教育技术》2015 年第 3 期。

教师的吸引力，因此，网课设计要具有趣味性，以提高学生自主学习的积极性，要采用比校园课堂授课更丰富的交互式手段才能吸引学生注意力。称"00后"大学生是技术的一代、阅图的一代、创新的一代、急切的一代，他们青睐指尖上的学习方式①。充分利用网络英语学习资源，通过文字、图片、色彩、动画、音频、视频等多种方式传播知识，能满足指尖上的学习方式②。应用微博、微信、QQ等新媒体平台展开英用实践教学。随着科学技术的快速进步，微博、微信以及QQ等流体平台已经逐渐成为人们日常生活的常用工具，并为人们目变生活提供了非常大的便利，这也为跨媒介英语散学模式创新打下了坚实的基础，同时，以此为基础展开教学模式创新可以进一步提升教育的信息化程度，满足学生的个性化发展需要，推动线上的紧密融合，为学生提供更加优秀的教学环地，帮助学生实现资源共享，完成开放式、立体化以及全方位创新教学平台创建。

（五）网络教学的过程性评价模式

教学评价是以学习目标为依据，通过一定的标准和手段对学习活动及其结果给予价值上的判断，即对学习活动及其结果进行测量、分析、评定和指导的过程。由此可以看出评价有四个方面的作用，即诊断、刺激、指导和干预。教育评价分为形成性评价和结果性评价。在传统的课堂教学中，对学生的评价更注重结果性评价，或者结果性评价和形成性评价占比相同。如笔者所进行的英语课程对学生的学习评价中，结果性评价和形成性评价各占50%。而在线教学中，大量的学习是发生在互联网上的，基于平台和资源的学习，学习者会留下一系列的学习数据，这一系列的数据则可以帮助我们做出对学生学习过程价值的判断。所以，在线教学更注重过程性评价。反过来，过程性评价的比重提高之后则可以促进学生更积极地参加课堂互动及课堂活动。因此，线上教学对教师和学生来说都是一个很大的挑战，也是一个改变的开始。线上教学不仅可以使学生正常获取知识，还能培养学生的自主学习能力和自我管理施力，可谓一举两得。

---

① 陈坚林：《重构大数据时代的外语教学新范式》，《社会科学报》2017年10月12日。
② 覃军：《技术驱动学习打造外语"金课"——外语类国家精品在线开放课程建设现状、问题及对策研究》，《外语电化教学》2019年第6期。

四、未来线上教学的走向

当今,我们生活在一个信息技术发达的环境中,教学模式也将发生变革,不再会像以往传统的课堂教学那样单一。随着通信技术的发展,基于网络的人际交互效果会越来越好,大数据技术可以使得在线教学过程中教的行为和学的行为能够被记录下来,实现精准的教学监控过程,而人工智能技术则可以根据过程监控数据实时推送学习内容并告诉教师学生对知识点的反应。所以,现代信息技术的发展使得在线教学更完善更普遍,并将成为推动整个教学变革的重要力量。互联网不仅能够使得原来的学校教育实践得以改进,服务更大范围、更多的人,它也可以让我们探索、生成、传播、培养这个时代的特有的知识,并为此提供前所未有的功能。

从广义来看,在社会急速发展的今天,全民终生学习已成一种生活方式,在线教育为我们构建服务全民终生学习的新的教育体系提供了前所未有的便利和可能。尤其是随着我国教育部门对于英语的教学要求不断的提升,一方面要注重发展学生通用语言能力;另一方面还要增强其学术或职业英语交际能力和跨文化交际能力。基于如此的目标定位,英语课程十分适合采用线上线下混合教学的模式。学生可以利用网络上的优质学习资源加强听说读写译的学习,学生的口语练习需要有真实的人际交互场景,所以,听说类课程也可以课堂教学模式进行,未来教育不会再是单一的学校教育模式,学校也不会是唯一的教育服务基地。学校教育模式和在线教育模式共存或将成为一种趋势,或者在线教育会更优于学校教育,但不会完全取代学校教育。因此,应当积极吸取在线教学方式的优秀经验,不断提升自身的技术水平,为今后教育工作的顺利开展奠定良好基础。

英语专业《综合教程》语言难度研究

洪令凯[*]

内容摘要：阅读理解是英语专业四级考试的重要组成部分。利用语料库相关检索软件，从词汇和句法两个层面对《综合英语》第二版教材和专业四级阅读语言难度进行对比研究，分析具体差异，并据此提出相关教学建议。

关键词：专业四级；综合教程；阅读理解；语言难度

英语专业四级考试（TEM4）是由我国高等学校外语专业教学指导委员会组织，英语专业四级命题小组负责命题与实施，为检测本科英语专业教学大纲执行情况而进行的本科教学考试。该考试是一种测试应试者单项和综合语言能力的水平参照性考试。考试的范围包括大纲所规定的听、读、写、译四个方面的技能。其中，"读"占有很高比重。"阅读部分短文词语丰富，语法覆盖全面，是检测学生词汇、语法及语篇理解能力的重要手段。"与此相应，如何提高学生的阅读理解能力也随之成为外语教师的热点研究课题。《综合教程》第2版1—4册作为英语专业基础阶段教材，其特点在于所使用的语言材料是系统的、精选的，技能训练是综合的。所用教材的文章都选自第一手英文资料，尽可能保留了原文的风貌，是原汁原味的英语语言素材。目的是为了培养和提高学生综合运用英语的能力，难点是提高学生语篇理解分析能力。当然，也是为通过专业四级做准备。通

---

[*] 作者简介：洪令凯，上海政法学院语言文化学院讲师，研究方向：外语教学、语料库语言学、语言政策。

过查询中国知网,笔者发现,目前的研究大多集中于阅读感知、理解过程、阅读教学和阅读模式等方面,而针对阅读测试难度方面的研究,尤其是针对英语专业四级的阅读语篇难度研究较少,将其与教材语篇难度作对比研究更少。此外,传统的阅读理解研究多以定性为主,缺乏定量研究。鉴于此,本研究拟使用语料库手段,将定量研究和定性研究相结合,试图从句法和词汇两个层面对 TEM4 阅读理解部分和《综合教程》的课文语言难度进行对比分析,并据此为阅读教学提供建议。

一、相关文献综述

目前,国内针对阅读测试的语言难度研究尚处于起步阶段,研究方法和标准不一。詹宏伟、黄四宏从句法角度对比了不同句法难度的文本对阅读理解产生的影响,并据此提出教学建议。[①] 唐美华采用语言统计学方法,从文本结构、语义复杂性和可读性三个层面对 2004 年英语专业四、八级新考试大纲施行后 TEM4 和 TEM8 中的阅读理解部分的难度进行了对比研究。[②] 然而,由于该研究各自只选取了 12 篇短文作为样本,其研究结果缺乏普遍性,不足以描述 TEM4 和 TEM8 的阅读文本难度差异。胡萍英通过问卷调查,指出语法隐喻与语篇难度之间的关系。[③] 刘冰、陈建生利用语料库语言学技术,对大学英语四六级考试中的阅读理解部分进行了对比分析,并对未来的四六级测试和外语教学工作提出了建议。[④] 郝伟丽、冯筠等参照 Bachman 和 Palmer 的考试任务特征模式,分析了 2013 年 12 月大学英语四级阅读理解试题的内容效度。[⑤] 王金巴探讨了大学英语阅读理解中生词密度和文本难度之间的关系。[⑥] 综上所述可以

[①] 詹宏伟、黄四宏:《句法难度对中国 EFL 学生阅读理解的影响》,《外语教学理论与实践》2007 年第 1 期。
[②] 唐美华:《英语专业等级考试中阅读理解对比分析》,《吉林省教育学院学报》2009 年。
[③] 胡萍英:《语法隐喻及其在英语语篇中的表征》,《厦门理工学院学报》2010 年。
[④] 刘冰、陈建生:《大学英语四六级阅读语言难度对比——基于语料库的研究》,《重庆交通大学学报(社科版)》2013 年第 5 期。
[⑤] 郝伟丽、冯筠、李宁等:《CET4 阅读理解试题的内容效度分析》,《考试研究》2015 年。
[⑥] 王金巴:《生词密度对大学英语阅读理解的影响研究》,《外语界》2015 年第 3 期。

看出：在研究方法方面，传统阅读研究大都以定性研究为主，缺乏客观、翔实的数据支持；在研究对象方面，传统研究的文本选择结构单一，语料规模较小。因此，其研究结果具有一定的局限性。

二、研究方法

(一) 研究方法与步骤

本研究通过定性和定量相结合的统计方法，以语料库语言学手段对《综合教程》教材与专业四级阅读试题语言难度进行整体对比。

词汇特征和语法特征是语料库语言学用来衡量语言难度的主要手段。以词汇层面为界，本研究分为两部分：一是词汇层面的研究，包括词汇难度和词汇差异；二是词汇以上层面的研究，包括平均句长和语法隐喻（被动语态和名词化）。

(二) 语料库及研究工具

为了分析《综合教程》教材与专业四级阅读试题语言的难度，笔者建立了两个小型语料库。一个语料库（以下简称《综合教程》阅读库）的语料来自上海外语教育出版社出版的《综合教程》第二版1—4册的48篇 TEXT 1 课文文本（约46 563词），该书是大多数高校英语专业一二年级基础英语课的教学用书。另一个语料库（以下简称专四阅读库）取材于2009—2018年全国英语专业四级考试阅读理解部分的篇章，共计37篇（约18 553词）。为了便于研究，删除了两个语料库中所有短文内超纲词的中文注释。这两个语料库分别保存为语料库软件容易识别的.txt文件。使用的研究工具为Range32软件。

Range软件是语料库研究中的一个常用工具，由新西兰语言学家 Paul Nation 开发，主要用来分析词汇的跨文本分布。Range软件自带三个词汇底表，一级词汇底表（BASEWRD1.txt）包括英语中最常用的1 000词族，二级词汇底表（BASEWRD2.txt）包括英语中次常用的1 000词族，前两级词汇底表中的约 2 000 个词族来源于 Michael West(Longman，London 1953)的通用英语词汇表（A General Service List of English Words）。三级词汇底表（BASEWRD3.txt)来自 Coxhead（1998，2000）的学术英语词汇表（Academic Word List），是高中和大学各学科的常用词汇，涵盖教育、语言学、金融、商务管理等多个专业，共 570 个英语词族。Range 软件的一个主要功能就是可将研究的文本与词汇底表相对比，分析出文本中词汇在各级词底表中所占比例以及不包含在词表中的词汇所占比例，还可用来对比两个文本的词汇，分析出两个文本所用的相同和不同词汇。

三、结 果 分 析

(一)《综合教程》阅读库与专四阅读库词汇难度对比

在语料库研究中,型符(token)指语料库中出现的每一个词的数量,能反映语料库的总的词数。型符/%即指出现在某词汇底表中型符的数量以及在占总型符数量的百分比。类符(type)指语料库文本中首次单独出现的词型,类符/%指出现在某词汇底表中类符的数量以及占总类符数量的百分比。一个词族(family)由主词(headword)及其派生形式和曲折形式构成,例如单词 develop,其曲折形式 developed,develops，developing 以及派生形式 development 都是属于以 develop 为主词的词族成员。

通过 Range32 对《综合教程》阅读库与专四阅读库分别进行处理,得出词汇分析结果为:《综合教程》阅读库中总型符数为 46 563,类符数为 6 876,词族数为 2 044;专四阅读库中总型符数为 18 553,类符数为 3 957,词族数为 1 588(见表1、表2)。

表 1　《综合教程》阅读库词汇分布报告

词　　表	型符/%	类符/%	词　族
一级底表	38 357/82.38	2 301/33.46	961
二级底表	2 559/5.50	1 132/16.46	690

(续表)

词　　表	型符/%	类符/%	词　　族
三级底表	1 377/2.96	697/10.14	393
底表外词	4 270/9.17	2 746/39.94	/
总　　数	46 563	6 876	2 044

表 2　专四阅读库词汇分布报告

词　　表	型符/%	类符/%	词　　族
一级底表	14 981/80.75	1 752/44.28	860
二级底表	1 139/6.14	621/15.69	452
三级底表	707/3.81	397/10.03	276
底表外词	1 726/9.30	1 187/30.00	/
总　　数	18 553	3 957	1 588

　　Paul Nation 在作词汇分析时,多利用词族信息来判断词汇难度和覆盖度。许家金等(2010)认为类符的三级及词表外词汇是更可靠的难度判别标准。① 三级词汇表中的第三级和词表外词汇能更好地反映文本的词汇难度。由表1和表2可以看出,从词族来看,在《综合教程》阅读库中,有393个词族属于第三级词汇底表,在专业四级阅读库中,有276个词族属于第三级词汇底表。从类符列来看,在专四阅读库中,有1 584个类符属于第三级词汇底表和词表外词汇,占总类符数的40.03%;在《综合教程》阅读库中,有3 443个类符属于第三级词汇底表和词表外词汇,占总类符数的50.08%。因此,从类符来看,专业四级阅读库中属于三级词汇底表和词表外词汇的比例要低于《综合教程》阅读库中三级词汇底表和词表外词汇的比例,也就是专四阅读库中属于一、二级词汇底表的词汇比例要高于《综合教程》阅读库。从词族来看,专四阅读库中的词族总数量和三级词汇底表中的词族数量也均低于《综合教程》阅读库。由此我们可以推断,专四阅读的词汇难度要低于《综合教程》课文的词汇难度。

---

① 梁茂成、李文中、许家金:《语料库应用教程》,外语教学与研究出版社2010年版,第138页。

(二)《综合教程》阅读库与专四阅读库词汇差异对比

一般情况下,英语文本中的虚词即功能词应用频率最高,如限定词 a/an,the,that 等,介词(如 of,on,in,to,with 等),代词(I,he,they 等)。在统计文本词频时,这些词往往排在最前面,属于高频词汇,但这些词的使用频率无法反映文本的具体词汇应用特色。为了排除这些功能词的干扰,我们在统计文本的高频词汇时,应将这些词排除在外。Range 软件本身自带一个功能词表,其中涵盖了常用的各种功能词 309 个。笔者应用 Range 软件的 Stop list 功能,去除了英语文本中常见的功能词,得出文本中实词的使用情况。

词表外词汇能较好地反映出文本的内容倾向。《综合教程》阅读库中属于词表外词汇的前 20 个高频词族包括:Bride, Storyteller, Groom, American, Kids, Chinese, Buddies, Internet, Jesus, French, Hollywood, Movie, Pants, Vermont, Nagasaki, Paris, Valentine, Atmosphere, California, Folks。专业四级阅读库中属于词表外词汇的使用频率最高的前 20 个实词词族包括:Awards, American, Parenting, Harrington, Rainbow, Fake, Alden, CD, Emotions, Fisher, Internet, Literacy, Omiai, Philip, ED, Graduation, Illiterate, Japanese, Literate, Mickey。《综合教程》阅读库中使用频率最高的词汇基本都与地域相关,如 American, Chinese, French, Hollywood, Vermont, Nagasaki, Paris, California。但在专业四级阅读材料中,我们就会发现使用频率高的词内容较为分散,包括国家(American, Japanese)、教育(literacy, graduation, illiterate, literate, ED, parenting)、自然(rainbow, fisher)等。

(三) 词汇以上层面

1. 平均句长

平均句长是指一个语篇中句子的平均长度,以词数为统计单位。一般来说,简单句的句长较短,容易理解;并列句、复合句或并列复合句的句子较长,较难理解。因此,通过对平均句长的统计和对比可以从一个侧面了解语篇的难度。通过对两个语料库的总句子数和平均句长统计,《综合教程》库共有 3 205 个句子,平均句长为 14.53 词;专四库共有 1 125 个句子,平均句长为 16.49 词。两个语料库的平均句长存在差异,专四阅读的平均句长比《综合教程》课文句子长。

2. 语法隐喻

语法隐喻是影响语言材料难度的重要因素。韩礼德区分了两种语法结构对语义的体现关系,一种是一致式,即语言结构直接反映现实世界;另一种是隐喻式,即语言结构不是直接反映现实世界,体现出了不同的语言单位之间的转换过程。① 这种语法结构对语义的不一致体现就是语法隐喻。

语法隐喻阻碍了学生阅读理解的过程。范文芳分析了决定语篇难易度的因素,认为在其他因素相同的情况下,语篇中语法隐喻的含量越高,语篇的难度就越大。② Ravelli 指出,外国学生在掌握英语语法隐喻时会比较困难。③ 造成这些问题的根本原因就是语法隐喻的复杂性。Lassen 在研究专业技术手册时,曾提到语法隐喻的五种体现形式:名词短语、被动语态、定冠词省略、非限定动词 V-ing 形式和省略句。④ 通过韩礼德对语法隐喻的定义,语义的不一致表达形式都属于语法隐喻的范畴。以下针对语法隐喻的几个主要形式(被动态和名词化),分别对《综合教程》库和专四库作统计分析和对比。被动语态通过设计完善的正则表达式检索项,在经过词性附码的两个语料库中检索被动语态谓语的使用情况。数据表明,两个库在被动语态谓语的使用上没有显著性差异。

名词化是指把别的词类加上-tion、-ment、-ness、-ity(包括其复数)等后缀转化成名词的语言现象。Halliday 认为名词化是语法隐喻的主要体现,指出"名词化是创建语法隐喻的唯一最强大的手段"。名词化表达抽象的概念和过程。名词化程度越高,语言越抽象,语言难度越大。由于统计两个语料库中全部名词化

---

① Hu Zhuanglin. *Linguistics: An Advanced Course Book*. Beijing University Press,2002:153.
② 范文芳:《语法隐喻对语篇阅读难易度的影响》,《北京大学学报:外国语言文学专刊》,1996 年。
③ Ravelli L J. *Grammatial Metaphor: An Initial Analysis*. Steiner E,Veltman R(Eds.)Pragmatics,Discourse and Test. London:Frances Printer,1988.
④ Lassen Inger. *Accessibility and Acceptability in Technical Manuals*. Philadelphia:John Benjaminis B. V.,2003.

现象有一定困难，本文只对几个高频名词后缀进行统计和比较。

表3　两个语料库中名词化使用情况对比

	-tion(s)	-ment(s)	-ness(es)	-ity/ities	总　计	百分比
综合教程库	219	79	26	82	406	2.1%
专四库	435	142	110	174	861	1.8%

表3数据表明，在对所选的几个常用名词后缀的统计中，《综合教程》库的名词化现象与专四库差异不大。因此从名词化的角度分析，专四库语言难度略高于综合教程库。在名词化统计的过程中，检索结果中存在噪音（noise），如nation是以-tion结尾的名词，但不属于名词化。考虑到对两个语料库均采用未排除噪音的方法统计，因此结果仍有效，且具有可比性。

四、本研究对教学和考试策略的启示

本研究基于语料库语言学的方法，通过词汇和词汇以上两个层面对专业四级阅读试题与《综合教程》课文语言难度进行比较。

词汇层面上主要从词汇难度和词汇差异两方面进行分析比较。通过语料库分析软件Range32的分析结果，我们发现专业四级阅读考试在词汇广度和深度上要略低于《综合教程》课文。词汇以上层面主要从平均句长和语法隐喻两方面进行分析比较。在平均句长方面，结果表明两个语料库的平均句长略有差异，专四库的平均句长比综合教程库长；在语法隐喻方面，专四库语言的名词化现象与综合教程库差别不大，说明两库语言难度相当。综合上述两个层面，专业四级阅读试题与《综合教程》课文语言难度相当，阅读部分的试题难度符合基础阶段的教学水平，整体把控得非常到位。这个结果对未来的英语专业教学具有一定的指导意义。首先，从词汇教学方面来讲，教师应当根据学生不同的学习阶段对教学重点进行调整：对基础阶段的学生，教师可以在帮助他们扩展基础词汇的同时，讲授一些相关的词汇学知识，如词根、词缀的变体及曲折变化等。其次，从句法教学方面来讲，教师可以提供并督促学生阅读更多的英美原版材料，并要求他们对其中出现的长难句型进行分析和仿写。此外,根据本研究所做的统计可知,英语专业四级阅读语篇中语法隐喻的使用频率不低。这就要求教师在对学生施教过程中,有意识地引入"语篇"概念,进而引导学生更多地关注到语篇层面上的功能。具体来讲,教师可以指导学生借助概念语法隐喻来分析理解难句,通过人际语法隐喻领会作者的言外之意,运用语法隐喻把握语篇脉络并正确理解篇章意义。

在考试策略方面,笔者针对性地提出一些意见和建议。

(一) 培养良好阅读习惯

在阅读过程中要从整体出发把握文章的结构脉络,不要过分拘泥于语言的细节;对于阅读中遇到的生词,要大胆去预测,并在之后的阅读中不断地修正猜测,不要急切地求助于字典;注意句子与句子之间的表面衔接,从逻辑语义上达到整体连贯一致。了解阅读理解过程:阅读理解过程至少分为三大层次,字面理解层、推论理解层、评论理解层,对阅读理解过程的了解有助于把握三层次的相互关系和作用。字面理解层主要依靠语法能力或语言能力完成;推论理解层主要依靠阅读技巧和语言能力完成;而评价理解层则是读者与作者观点交融糅合的过程。

(二) 导入阅读理解方法

扩大词汇量。利用词缀来猜测生词意义,如 im-,com-,dis-,-or,-tion 等;利用上下文的语义联系来推测词的意义,如因果关系、反义关系等;运用归纳法,把同一类词归纳在一起,如把有关化学与医药的词汇、货币与金融的词汇归纳在一起。拓宽知识面,积累背景知识。考研阅读所选文章来源于英美国家各大报纸杂志,具有很强的时代性和文化性,所以必须扩大阅读量,积累背景知识,熟悉西方思维模式,养成英语思维的习惯。掌握阅读方式,纠正不良习惯。阅读方式一般分为下列几种:略读、寻读、细读、评读。通过前两者进行快速阅读,后两者准确把握文章焦点、论据、推理过程,并对其作出评价。同时必须纠正不良阅读习惯,如指读、出声读、回视、译成中文等。掌握阅读理解技巧：正确处理速度与准确性之间的矛盾。首先确保阅读理解的准确性,速度只有在准确理解的基础上才有意义。一味追求速度,囫囵吞枣,或者碰到难点就反复重读,都是不可取的。考生必须合理分配时间,两者兼顾。这可以在平时训练中,规定自己限时完成额定任务,以加强时间分配意识。采用合理的解题步骤。一般有两种方法：短文—看题—解题；看题—短文—解题。一般来说,先读文章能够较好地把握文章主旨大意。面对篇幅较长,问题较多的短文,可以选择第二种方式。遇到篇幅短的短文,可以选择第一种方式。具体采用哪种方式也是因人而异,随文而变的。

五、结 束 语

本文利用语料库语言学的方法,将定量研究与定性研究相结合,验证了《综合教程》和专业四级考试阅读试题在语言难度上的差异,并据此提出了相关的教学建议。由于篇幅所限,本研究除了从词汇及词汇以上两个层面进行研究外,并未涉及语篇体裁和语言难度的关系,这一点有待继续研究,从而使考生及英语教师对专业四级考试阅读理解试题有一个更全面科学的认识。

立足新时代探索大学英语思政新路径[①]

陈 冲[*]

内容摘要：高校大学英语教育应将立德树人作为思想政治工作的首要任务,利用好课堂教学的主渠道,积极探索大学英语课程思政建设。本论文试图分析大学英语"课程思政"实施的目的与意义,并提出了实施大学英语"课程思政"的主要路径,在传授课程知识的基础上,引导学生将所学到的知识和技能转化为内在德行和素养,注重将学生个人发展与社会发展、国家发展结合起来。

关键词：大学英语;思想政治建设;课程育人

《大学英语教学指南》(2020版)指出:"大学外语教学应主动融入学校课程思政教学体系,使之在高等学校落实立德树人根本任务中发挥重要作用。"如今高校的《大学英语》教学承载着语言知识技能传授和立德树人的双重使命。站在"两个一百年"奋斗目标的历史交汇点上,在中华民族伟大复兴和我国的教育事业迅猛发展的时代背景下,新时代高等学校大学英语教育课程思政建设已经成为当前外语界广泛的关注。

---

[*] 作者简介:陈冲,上海政法学院语言文化学院,研究方向:外语教学、外国语言文学。
[①] 本项目受上海政法学院2021年度校级科研项目经费支持。项目名称:思政课程背景下的多模态《大学英语》教学探索——以上海政法学院为例。

一、大学英语思政课程的必要性

大学英语课程思政在教育改革背景下的发展新态势是要不断加强价值引领。学生在大学期间,大多数学生一般没有机会去英语为母语的国家学习英语,无法了解真实的英语世界,大学英语课堂就成为学生了解英语世界的主阵地。大学英语教师是课堂教学的主导者和实施者,应坚持正确的思想政治方向,融知识性、专业性和思想性为一体,充分探讨和梳理教学内容中蕴含的思想政治教育主题,遵循教学内容自身的逻辑体系,科学合理地切入思想政治教育主题,把思想政治教育和英语知识传授有机地结合起来,使学生在接受知识的过程中,自然地升华思想境界。

思想政治教育是英语教育的灵魂。英语是英美国家意识形态和文化传播的载体,对价值取向有着重要影响。我们的目标学生群体为"00后"的大学生,他们独立、自我,敢于表达自己的想法,但同时,也存在着某些不容忽视的问题。例如:自律性差、社会责任感缺失、缺乏积极的人生态度等。由于他们正处于世界观、人生观和价值观形成的重要时期,对他们加以正确的塑造和引导,帮助他们正确认识世界和社会,正确处理各种人际关系,树立远大理想并为之而奋斗就显得尤为重要。仅以英美文化为核心开展大学英语教育,容易导致"中国文化失语",造成学生既不懂"中国之治"的理论基础,也看不清"西方之乱"的文化根源,过于推崇以英美为代表的西方文化。因此,必须将思想政治教育与大学英语教育相融合,将坚守意识形态阵地、提高政治免疫力和思想鉴别力作为大学英语教育的重要课题。

二、实施大学英语"课程思政"的主要路径

(一)提高教师的思想政治教育意识

习近平总书记在北京师范大学考察中强调,全国广大教师要做有理想信念、

有道德情操、有扎实知识、有仁爱之心的好老师,为发展具有中国特色、世界水平的现代教育,培养社会主义事业建设者和接班人作出更大贡献。他还说,好老师要有良好的道德情操,引领帮助学生把握好人生方向,特别是引导和帮助青少年学生"扣好人生的第一颗扣子"。① 大学英语是公共必修课,具有教育面广、教育时间长和国家、师生投入较多等特点,在课堂教学中占有较为重要的地位。因此,在大学英语课堂中融合思想政治教育必然会取得意想不到的效果。由于专业特点,英语教师潜移默化受到西方思想影响的机会多,接触西方思想事物时更为开放,所以要注重英语教师的政治理论培训,有意识地将党的路线方针政策教育融入教师日常培训内容中,使他们始终坚定跟党走的信念,用高度的制度自信、道路自信和文化自信武装头脑,把握中西文化对比中的"比较优势",永葆爱国爱党的政治本色;通过课堂听课、老教师帮带新教师等手段,有效掌控课堂教学过程,自觉抵制各种思想意识的渗透,引导学生做社会主义核心价值观的积极践行者。

　　课程思政应该是以课堂教学为切入点,而教师则是思想政治教育工作最活跃的要素。大学英语教师应该建立起长效的学习机制,基于教师实际,强化党建的引领,倡导大学英语老师与时俱进的学深悟透习近平总书记的新时代中国特色社会主义思想,打破学科界限,开展良性的互动,并且积极探索教师学习思想政治理论的常态化有效机制,进一步提高课堂上的教学水平和相应效果。大学生思想政治教育是高校的重要内容,思想政治理论课教师是主要承担者,但是大学英语教师具有与大学生接触时间长的特点,在大学生道德教育中发挥独特的作用是任何其他教师所无法替代的。思想政治教育的客体是人,对人的教育、熏陶、培养关键还是要靠教师,要依靠一批成熟可靠、知识技能扎实的师资队伍。整体来看,经过几十年的发展,英语教师队伍素质越来越高,学历层次越来越高,知识结构体系构成越来越合理,大量具备海外文化背景的英语教师也逐步多了起来,这些日益壮大的英语教师队伍是开展高校英语教学的最主要的人力资本和核心因素。

　　大学英语教师还要不断增强自身的中国文化素养,利用课余时间加强对中国传统文化的学习,加强自身品德修养,通过言传身教来引导学生爱国情怀,使

---

① 习近平:《做党和人民满意的好老师——同北京师范大学师生代表座谈时的讲话》,《人民日报》2014年9月10日。

他们未来能够脚踏实地投入祖国现代化建设中。教师的思想、人格和言行对学生有着直接的教育影响。英语教学中加强思想政治教育,英语教师自身必须要政治强、境界高、品行好。大学英语教师应该增强政治责任心,做好楷模和表率。用自己的行为举止和人文素养去潜移默化地影响学生。

(二) 完善《大学英语》课程设置和教材编写

大学英语课程思政建设的关键问题是思政元素与人才培养目标、课程建设目标、课程内容、外语教师团队建设的有机、高效、实质性的融合,而融合的关键在于充分理解课程思政对外语专业课程的目标导向性、内容导向性、以及外语教师团队建设的有效媒介性等关键问题,并在大学英语课程建设和外语人才培养中落到实处。

目前大学英语教师在开展课程思政教学时面临着诸多问题,对于大学英语课程来说,学生的语言文化输入主要是来源于课堂上所使用的英语教材。然而,就目前使用率较高的大学英语教材来看,涉及西方文化知识的阅读材料在数量上大大超过了与中国本土文化相关的阅读材料。英语教师需要根据已有的教学素材,多角度多层面的深入剖析材料作品及人物角色,从语言碎片知识延展到篇章内容、从表层意义分析到背后主题的解读、从西方文化认知到东西文化比较,一步步引领学生准确解读作品及其文化精髓,取其精华去其糟粕。现有的课文基本上都是以西方文化尤其是英美文化为背景知识。这种严重的比例失衡会造成以下几种现象:一是学生思想会过多地受到西方意识形态的影响,从而造成理想信念的丧失和道德水准的滑坡,不利于社会主义核心价值观的树立和培养。二是学生对西方文化习俗、生活习惯和价值观念盲目崇拜,从而削弱了对母语文化的身份认同。当前有些大学生热衷于英美国家的节日,或者刻意追求西方生活方式,实际上就是被西方文化长期渗透的后果。三是学生不能够很好地运用所学的英语知识来表达中国文化,从而造成所谓的"中国文化失语"[1],这将在很大程度上阻碍中国文化在世界范围内的广泛传播,从而影响中西方文化的双向

---

[1] 从丛:《"中国文化失语":我国英语教学的缺陷》,《光明日报》2000年10月19日。

交流和传输。

　　大学英语教材中的知识选择、课堂组织、知识传播呈现以及课程评价,无论是隐性的还是显性的,都必然附着并传递着一定的文化意识形态、价值取向。① 大学英语教材的编写者和使用者对此应该有着清醒的认识,本着批判吸收的原则科学合理地编写教材和进行教学。在课程设置上和教材的编写上做到既破又立,重构大学英语教学的新体系。大学英语教育应按照中国特色社会主义学科体系建设的要求,打破以英美文化为核心的英语教育体系,建立具有中国特色的英语教育体系。例如《新视野大学英语视听说教程(第三册)》中的第一单元,主题是 Access to Success,在课上可以引出主题:谁是你心中的伟人/英雄?学生通过分析当今中国大学生心中的英雄,很多学生提到钟南山、张海迪、毛泽东等伟人/英雄,以增强自己的民族自豪感和爱国主义情怀。全面推进习近平新时代中国特色社会主义思想进教材、进课堂、进学生头脑,把社会主义核心价值观融入大学英语教育的全过程,培养学生的民族意识和爱国情怀,为国家培养有理想、有道德、有情怀、有担当、有国际视野的人才。

(三) 思政教育与大学英语课堂教学的有机融合

　　针对外语学科的特点,思政教育应该避免使用生硬的填鸭式、任务式和强制性的教学方法,应提倡专业与思政融合的教学理念,并根据外语专业本身的特点,从西方文化和中西交流史中选取具有积极意义的语言和文化资源,将其融合到教材、课堂、讲座和各种活动之中,让学生在弘扬正确的价值观氛围中学习英语,感受文化交流与互鉴。在传授专业知识过程中加强思想政治教育,使学生在学习科学文化知识过程中,自觉加强思想道德修养,提高政治觉悟。

　　思想政治教育融入大学英语教学过程是人才培养的重要历史经验,除了语言技能,较好的文学知识,广博的知识涉猎,跨文化的沟通能力,自觉的创新意识,理性的批判思维,良好的人文修养,这些才更应是应用型高校办学的着力点。充分发挥课堂主渠道作用。教师应围绕"立德树人"组织教学,采用易于学生接

---

① 王颖、王文琴:《英语教材语篇的批判性分析》,《外语研究》2013 年第 10 期。

受的方式方法,用通俗易懂的语言,兼顾学科知识和思想品德教育,实现既"教书"又"育人"。

语言教学不是对西方文化简单的重复与模仿,而是通过两种不同语言文化的碰撞和交流,进一步再生和重构语言的习得过程。在教学过程中,学生在教师的积极影响下充分发挥其主观能动性,锻炼自己的思辨能力和实践能力,增强自己的语言意识和文化意识,认同文化的归属感,提高英语专业能力和思想品德修养,增强社会责任感和使命感,从而达到大学英语教育的主旨。大学英语教学不仅要培养具有扎实英语知识和熟练运用英语能力的人才,更要重视引导和帮助学生树立坚定的理想信念、高尚的道德修养、健康的人格品质。在大学英语教学目标与要求中,除了知识和能力的目标与要求外,教师必须特别明确思政目标,把思政教育融入每个单元的教学中,把思想道德教育、文化知识教育、社会实践教育融入教育教学的每一个环节,不断提高学生的思想政治素养,实现英语课程的育人目标。

教师在课堂教学中,结合教学内容,联系国际国内形势、党和国家方针政策、我国改革发展成就,循循善诱,正确引导学生,给予学生深入浅出的思政教育。充分挖掘教材中可利用的思想政治教育资源,结合篇章内容和主题,剖析西方文化中的糟粕,培养学生中华民族文化认同感、政治认同感。

教师应将思政元素融入课堂教学中,尽可能运用多种教学方式,设计各种活动,润物无声地进行思政教育。例如:在《全新版大学英语综合教程(第五册)》中的第五单元,主题是 Global Warming,在课前导入部分,可以做头脑风暴,列举在中国气候变暖的起因,影响,以及为了环保,中国政府的举措,老百姓的努力等,可以适当地引导,例如垃圾分类,低碳出行,世界地球日等等。可以给学生布置课后作业,写环保的倡议书,倡导绿色生活,从而强化学生的生态文明意识。充分发挥学生作为课堂的主体、老师为课堂的主导的作用,采取"翻转课堂"的方式让学生成为课堂的主人。教师在英语课堂上还可以采用演讲或者辩论等其他方式来调动学生参与课堂活动的积极性,实现英语学习和思政教育的无缝对接。在活跃的课堂氛围下,让思政教育与英语学习完美融合。在课后习题设置方面,可以引导学生探讨中外文化差异,使学生明晰中国文化的优势所在。

课堂气氛是课堂环境的重要因素。大学英语教师采用各种方法来活跃课堂气氛,而经典影片的导入是重要的手段之一,它可以充分吸引学生的注意力,调动学生的多种感官,从而激发学生的主观能动性。例如著名的经典影片 *Pursuit of Happiness*(《幸福来敲门》),通过导入这个影片中让学生感动的画面,引导学生对比——无论是国内的父母,还是国外的家长,对孩子的爱都是一样的,激发孩子对父母的感激和感恩之情。启发学生去思索和追求生命的价值与美好,懂得感恩与回报,去努力奋斗和追求奉献。引发学生对于人生的思考,怎样才能度过丰富、充实和有意义的一生;面对选择时,如何取舍。在一个个充满哲理的小故事中暗含着深刻的人生智慧,启迪着学生们去感受人生的美好,鼓舞着他们不忘初心,砥砺前行,努力奉献。经典的影片可以营造幽默轻松的气氛,或沉重悲伤的气氛,或引人深思的气氛,通过不同的课堂气氛来丰富课堂内容。

三、结　语

　　大学英语课程思政的提出与落实,让大学英语老师进一步明确了老师不仅仅要教授学生英语知识与技能,更要能够在课上帮助学生树立正确的三观,加强对大学生人文素养和价值理念的关注。高校英语教师要结合学科特点,引导学生全面深入地了解、传承我国民族文化,正确认知西方文化。关于东西方文化的冲突与借鉴,教师应引领青年学生树立坚持本土情怀,胸怀祖国,放眼世界,剔除糟粕取其精华的清醒态度。教书育人是包括英语教师在内的所有教师的神圣职责,在大学英语课程中融入和强化思政教育是大学英语教师义不容辞的责任,只要我们思想上重视,实践中积极贯彻并不断创新,大学英语课程的思政育人定能取得十分理想的效果。

新文科背景下应用型人才培养与短学期设置合理化探析
——从上海政法学院汉语国际教育专业说起

李 翠[*]

内容摘要： 在上海开设汉语国际教育专业的高校已有9所（华东师范大学、上海外国语大学、上海大学、上海师范大学、上海对外经贸大学、上海师范大学天华学院、上海杉达学院、上海第二工业大学、上海体育学院），其中具有夏季短学期课程设置的高校有四所，分别是上海大学、上海第二工业大学、上海体育学院和上海政法学院。以上海政法学院为基点，将开设夏季短学期的其他三所上海高校作为主要参照和调研对象，针对这四所高校汉语国际教育专业2020级培养方案中夏季短学期的课程设置进行深入调研和剖析，以此来探寻夏季短学期的内容形式，为优化夏季短学期教学安排提供范式参考。

关键词： 新文科；应用型；人才培养；短学期

2017年美国希拉姆学院率先提出"新文科"概念，他们主要着眼于对专业的重组，即不同专业学生打破专业疆界进行综合性的跨学科学习。2018年10月，教育部决定实施"六卓越一拔尖"计划2.0，以此，我国新文科建设应运而生。"建设新文科就是要立足新时代，回应新需求，促进文科融合，提升时代性，加快

---

[*] 作者简介：李翠，上海政法学院讲师，研究方向：现代汉语语法、对外汉语教学。

中国化、国际化进程,引领人文社会科学新发展。"[①]高等教育是实现国家战略目标的重要支撑和引领,高校的专业建设要服从和服务于经济社会的发展。高校应该顺应时代和社会发展,立足自身实际努力推进"人的现代化"建设目标的实现。

本文立足我校(上海政法学院)应用型人才培养的建设目标,以汉语国际教育专业作为切入点,以上海开设汉语国际教育专业的其他9所高校(华东师范大学、上海外国语大学、上海大学、上海师范大学、上海对外经贸大学、上海师范大学天华学院、上海杉达学院、上海第二工业大学、上海体育学院)作为可调研对象,选取其中具有夏季短学期课程设置的上海大学、上海第二工业大学、上海体育学院作为主要调研和分析对象,针对这几所高校汉语国际教育专业2020级培养方案中夏季短学期的课程设置进行深入调研和剖析,以此来探寻夏季短学期的内容形式,为优化我校夏季短学期教学安排提供范式参考。

一、上海大学夏季短学期课程安排及设置情况

上海大学一学年共分为秋季、冬季、春季和夏季四个学期,其中秋季、冬季、春季学期各12周,夏季学期为4周。在学期定位上,秋季、冬季、春季学期为专业理论教学学期,而夏季学期则为专门的专业实习教学学期。

在学分分布上来看,实践性教学总学分为52,占所修总学分260的20%,其中大四毕业论文为15学分,在所有实践性教学环节占比最高;大一、大二、大三三个学年的实践教学学分分别为10学分、13学分和14学分。

在学期分配上来看,80%的实践性教学安排在夏季短学期,也就是6月底至7月底,为了保证课程安排时间上的完整性,夏季短学期的时长为4周整。

在课程设置上来看,夏季短学期的实习课程可分为以下五大类:军事实践、思修法律实践、创新创业实践、专业能力实践、文学拓展实践,具体课程设置详见表1。

---

① 樊丽明、杨灿明、马骁、刘小兵、杜泽逊:《新文科建设的内涵与发展路径(笔谈)》,《中国高教研究》2019年第10期。

表1 上海大学汉语国际教育专业2020级实践性教学环节安排表

实践分类	编号	实践环节名称	实践周数	实践学分	实践形式 集中	实践形式 分散	各学年学分安排 一	各学年学分安排 二	各学年学分安排 三	各学年学分安排 四	备注1	备注2
实习	00914003	军事技能	2	2	√		2					
	00874008	形势与政策（实践）		1	√		1					
	1658A001~002	思想政治理论课（实践）(1—2)		2				1	1		第3、6学期	
	00874007	思想道德修养与法律基础（实践）	1	1	√		1					
	0000A001	创新创业实践		1		√	1					二选一（详见注）
	00874028	大学生社会实践		1		√	1					
	0260A055	对外汉语课堂观察与实践		5		√				5	第7、9学期	
	0260A041	学年论文训练与写作		5		√				5	第9学期	
	0260A056	语言文字使用调查	2	4		√			4			
	0260A062	方言田野调查实践	3	6		√		6				
	0260A057	语言知识库建设实践	2	4		√			4			
	0260A063	教学实习		6						6	第7、9学期	
	0207A045	诗歌写作		3				3				选修6学分
	0207A046	文案写作		3				3				
	0207A049	图书策划		3				3				
	0207A044	编辑		3				3				
	0207A051	古籍整理实践		3					3			

(续表)

实践分类	编号	实践环节名称	实践周数	实践学分	实践形式 集中	实践形式 分散	各学年学分安排 一	二	三	四	备注1	备注2
课程设计												
毕业设计（论文）	0260A003	毕业论文	15							15	第12学期	
	共　计			52			10	13	14	15		

从表1中可以看出,军事实践、思修法律实践、创新创业实践等三类课程是全校公修课程,是训练学生基本公民素养的实践课程;专业能力实践和文学拓展实践类课程体现专业特色和专业大类特点,为学生专业方向就业打下实践基础。

在夏季短学期中,汉语国际教育专业能力实践类课程包括:语言文字使用调查、方言田野调查实践、语言知识库建设实践。汉语国际教育文学拓展实践类课程包括:诗歌写作、文案写作、图书策划、编辑、古籍整理实践。

上述以专业为基础开设的实践类课程以具体课程内容为依托,着重培养学生某一特定专业方向的实践能力,是对专业理论教学的实践拓展,也为学生探求专业新知提供了可能,甚至会为学生求职升学提供选择指导。

二、上海第二工业大学夏季短学期课程安排及设置情况

上海第二工业大学(以下简称"二工大")一学年分为秋季、春季、夏季三个学

期,其中秋季和春季学期为 17 周(包含考试周),夏季为 5 周。在学期定位上,与上海大学基本一致,秋季和春季学期为专业理论教学学期,夏季学期为专门的专业实习教学学期。

在学分分布上来看,实践性教学总学分为 31,占所修总学分 147 的 21%,其中大四毕业论文为 6 学分,在所有实践性教学环节占比最高;大一、大二、大三三个学年的实践教学学分分别为 10 学分、8 学分和 7 学分。

在学期分配上来看,74% 的实践性教学安排在夏季短学期,也就是 6 月底至 7 月底,为了保证课程安排时间上的完整性,夏季短学期的时长为 5 周整。

在课程设置上来看,二工大夏季短学期不同于上海大学,二工大夏季短学期的课程主要以专业实践课为主,强化学生英语能力和汉语教学实践能力的培养,同时辅以专业课模块课程的教学,主要体现学校特色,具体课程设置详见表 2。

表 2 上海第二工业大学汉语国际教育专业 2020 级实践性教学环节安排表

课程类别	课程性质	开课学院	课程代码	课程名称	考核方式	总学分	总学时	理论学时	实践学时	建议修读学期
专业实践	必	国交	b4050002	汉语国际教育专业创新创业	查	2	48		48	春 3
	必	国交	b4050004	对外汉语教学实践Ⅰ	查	2	48		48	夏 1
	必	国交	b4050005	英语写作技巧训练Ⅰ	查	2	48		48	夏 1
	必	国交	b4050006	英语写作技巧训练Ⅱ	查	2	48		48	夏 3
	必	国交	b4050007	英语语音训练Ⅰ	查	2	48		48	夏 1
	必	国交	b4050008	英语语音训练Ⅱ	查	2	48		48	夏 2
	必	国交	b4050009	对外汉语教学实践Ⅱ	查	2	48		48	夏 2
	必	国交	b4050010	教案编写实务	查	2	48		48	夏 2
	必	国交	b4050011	教师口语与语言测试	查	2	48		48	夏 1
	必	国交	b4050012	社会实践	查	2	48		48	夏 1
	必	国交	b4050013	职业能力综合训练	查	1	24		24	夏 3
	必	国交	b4050014	汉国教专业毕业实习与毕业设计(论文)	查	6	288		288	春 4
小 计(实践必修课)						27	792		792	

(续表)

课程类别	课程性质	开课学院	课程代码	课程名称	考核方式	总学分	总学时	理论学时	实践学时	建议修读学期
专业实践	★按专业课模块选修4学分	模块A	b4050015	国际贸易实务实践	查	2	48		48	夏2
			b4050016	商务礼仪培训	查	2	48		48	夏3
		模块B	b4050018	新媒体编辑与创作	查	2	48		48	夏2
			b4050017	中华才艺	查	2	48		48	夏3
	小 计(实践模块课)					4	96		96	
	小计(专业实践)					31	888		888	
第二课堂	必	其他	b5110001	第二课堂	查	1	—	—	—	秋,春,夏
总 计						147	2 864	1 604	1 260	

从表2可以看出,除大四毕业论文被安排在大四春季学期外,还有一门汉语国际教育专业创新创业课程未被列入夏季短学期,被置于大三春季学期。实际上,汉语国际教育专业创新创业课程是学校创新创业计划下具有专业特点的课程之一,是在学校总体创新创业指导下的专业课程分支。

夏季短学期中,二工大将学生英语能力提升和汉语教学能力培养作为主要目标,其中英语类课程包括:英语写作技巧训练、英语语音训练,着重培养学生英语说和写的能力,并通过进阶式学习,学习时长从大一延续至大三。英语类实践课程共8学分,在所有实践类课程中占比25.8%。

此外,汉语国际教育专业类实践课程包括:对外汉语教学实践、教案编写实务、教师口语与语言测试、社会实践、职业能力综合训练,这5门课程共计11学分,在所有实践类课程中占比35.5%。其中对外汉语教学实践是此类课程中学分占比最高的课程,共4学分,跨大一和大二两学期。

在夏季短学期的实践课程安排中,二工大也注意到专业模块课程的设置,在此部分将其划分为模块A和模块B,其中模块A有两门课程:国际贸易实务实践、商务礼仪培训;模块B也有两门课程:新媒体编辑与创作、中华才艺。这几门课程的开课学年为大二和大三,共8学分,学生只要在模块A和模块B中分别选修2学分,修足4学分即可,在所有实践类课程中占比13%。

二工大夏季短学期的实践类教学安排与上大（上海大学，以下简称"上大"）相似，都是围绕具体实践类课程展开。在具体课程安排上，汉语国际教育专业类实践课程占比最高，其次英语类课程也是实践课程中比重较高的一部分，反映出汉语国际教育专业对语言能力和教学的较高要求。

三、上海体育学院夏季短学期课程安排及设置情况

上海体育学院（以下称"上体"）一学年也分为秋季、春季、夏季三个学期，其中秋季和春季学期为18周（包含考试周），夏季为4周。在学期定位上，与上海大学（以下简称"上大"）、二工大基本一致，秋季和春季学期为专业理论教学学期，夏季学期为专门的专业实习教学学期。

在学分分布上来看，实践性教学总学分为26，占所修总学分159的16.35%，其中大四毕业论文为6学分，在所有实践性教学环节占比最高；大一大二大三三个学年的固定实践教学学分分别为3学分、3学分和2学分。

在学期分配上来看，23%～31%的实践性教学安排在夏季短学期，也就是每年的7月份，为了保证课程安排时间上的完整性，夏季短学期的时长为4周整。

在课程设置上来看，上体的夏季短学期实践教学课程占比并不高，所开设的课程数量也较为有限，但也能够体现出一定的专业和学校特色，如大二夏开设的"基础体能测试"和大三夏开设的"专业（职业）技能实践与测试"，具体课程设置详见表3。

表3　上海体育学院汉语国际教育专业2020级实践性教学环节安排表

课程类别	课程编号	课程名称	学分	学　时	开课学期
综合实践课程	2003014	军事理论与训练	2		3
	9402012	教育实习	6		10
	2003012	毕业论文	6		10/11

(续表)

课程类别	课程编号	课程名称	学分	学时	开课学期
综合实践课程	10440011	专业（职业）技能实践与测试	2		9
	1103001	基础体能测试	2		6
		小计	18		
创新创业		科研学分	2		
		技能学分	2		
		创业学分	4		
			8		

由表3可知，"综合实践课程"已有明确的开课学期，而"创新创业"则根据学生的时间自行安排具体的修学学期，并无指定学期安排，但需要在大学四年内修满学分。

四、我校夏季短学期设置与上大、二工大、上体之比较

整体说来，开设夏季短学期的高校数量不多，以汉语国际教育专业作为调研对象，在上海开设此学期的高校有3所，分别为上大、二工大和我校，夏季短学期高校占比30%。在夏季学期性质上，我校与上大、二工大、上体类似，都将夏季短学期作为学生实践实习的集中时期，但在以下方面与上大、二工大、上体有着不同。

（一）夏季短学期时长不同

我校2021年夏季短学期时间为6月24日——7月18日，共25天，不以整周计算。上大夏季短学期为4周，二工大夏季短学期为5周，上体夏季短学期为

4周,我校夏季短学期时长较之上述三校都略短,且不以整周为教学单位。

在我学院内部开展的关于夏季短学期实施调研问卷中,也已经有老师注意到此类问题,并提出夏季短学期应增加实习时间的想法。

(二) 夏季短学期学分不同

我校《关于制(修)订2020级本科人才培养方案的指导性意见》中规定实践教学环节为30学分,其中毕业论文为18学分,其余12学分分别置于大一大二大三夏季短学期中,即大一大二大三夏季短学期学分各为4学分。以汉语国际教育专业为例,我校与上大、二工大、上体的夏季短学期学分比较详见表4。

表4 四校夏季短学期学分信息分布表

学校	总学分	实践教学学分	夏季短学期学分	大一夏①	大二夏	大三夏	毕业论文
上大	260	52	25	9	12	4	15
二工大	147	31	25	10	8	7	6
上体	159	26	6—8②	2	2—4	2	6
我校	170	30	12	4	4	4	18

通过上述比较可以发现,在实践教学学分占比上,上大、二工大、上体和我校的占比分别为:20%、21%、16.35%、18%,夏季短学期在实践教学中占比分别为48%、81%、23%、40%。我校夏季短学期实践学分占比与上海大学相近。

(三) 夏季短学期形式不同

我校夏季短学期因年级不同,实践教学侧重有所不同:一年级为认识实习;二年级为专业实习;三年级为职业规划教育。

在教学形式上,我校夏季短学期主要以班级为单位,为其配备实习指导教

---

① 注:这里的"大一夏"是指大学一年级夏季短学期,后"大二夏""大三夏"同理。
② 注:上海体育学院在夏季短学期共开出2门共计2学分的专业素养选修课供学生选择,分别是"摄影摄像基础"和"保健推拿",这两门课都设定在第6学期,即大二夏学期开设。

师,通过撰写实习日志和实习总结取得相应实践学分;而上大和二工大在夏季短学期则主要以实践课程为主要实践教学形式,上体则主要以与测试相关联的实践为主,上述三校的夏季课程主要通过课程考核获取相应实践学分。

五、我校夏季短学期优化路径分析

目前我校夏季短学期在提升学生专业实践能力上已取得了一定实效,学生们在实习中增进了对专业的了解,也在一定程度上锻炼了理论转化为实践的操作能力。同时,专业指导教师在实践教学中,也加深了对专业学生的认知,为理论教学提供了更多实践参考。

为了进一步提高我校夏季短学期实践教学的有效性,根据调研可从以下几方面考虑优化。

(一) 时间优化

我校夏季短学期时长未以整周计算,开始时间多为周中,如今年开始时间为周四,这样就可能为一些实践活动的引入带来不便,可考虑将目前的25天增加至28天。

(二) 内容优化

一是可根据不同专业特点,在夏季学期开设具有针对性、实战性、前沿性的实践类活动课程,让学生的实践学习更有指导性。

二是以学院为单位努力开发各种实习基地,如合作学校、翻译公司、涉外律所等,让学生走出去,在多种工作环境中积累工作经验。

三是重视线上实习机会,充分利用网络资源,减少地域限制,增进专业学习认知。

（三）角色优化

在本学院内部调研中，有的老师提出应充分重视往届毕业生对实践教学的补充作用，可鼓励往届毕业生返校参与到在校学生的实践教学中来，可通过讨论及讲座的形式加强毕业生与在校生的互动交流。一方面，因拥有共同的身份，毕业生现身说法，更有专业共情；另一方面，加强毕业生与学校的联络，也可为在校生提供更多实习和就业机会。

（四）绩效优化

目前夏季短学期的教辅工作量以 30 人为基准数，以 15 课时计，每增加 30 人，增加 1 课时。如果开展形式多样的实践教学，则需充分考虑教学工作量的计算方式，以充分调动教师积极性和参与度。

新文科背景下商务英语教学面临的问题与对策

陈拥宪[*]

内容摘要：伴随着国家发展越来越快，人们的需求发生了相应的改变。为了适应社会发展的高速度、高需求，新文科应运而生。文科专业在新时代之下面临着新的改变和新的挑战，如何培养出符合国家发展和社会需要的、专业度高的新文科商务英语人才的问题也摆在了我们面前。本文回顾了"新文科"概念的形成过程，阐述了"新文科"的意义，通过探讨商务英语教学当下所面临的问题，提出了新文科背景下商务英语教学的对策，以打造更加符合我国实际国情需要的商务英语人才。

关键词：新文科；商务英语；问题；对策

引　言

习近平总书记在党的十九大报告中指出，经过长期努力，中国特色社会主义进入了新时代。[①] 这是我国发展新的历史方位。在2018年9月召开的全国教

---

[*] 作者简介：陈拥宪，上海政法学院讲师，研究方向：商务英语。
[①] 习近平：《决胜全面建成小康社会，夺取新时代中国特色社会主义伟大胜利———在中国共产党第十九次全国代表大会上的报告》，《理论学习》2017年第12期。

育大会上,习近平总书记针对教育改革发展发表了一系列新理念、新思想、新观点,标志着我国教育事业进入一个新的历史阶段。

一、"新文科"概念的提出及实施

文科是人文社会科学(或哲学社会科学)的简称,是人文科学(Humanities)和社会科学(Social Sciences)的统称。其中,人文科学主要研究人的思想意识、思维活动等;社会科学主要研究各种社会现象及其发展规律。就学科和社会发展关系而言,"新文科"是人文社会科学主动适应新时代发展而进行的一场深刻的自我革命,生动体现着我国文科教育的国家形象和应有的学术担当。① 2017 年,美国较知名的希拉姆学院(Hiram College)首先提出了"新文科"理念,即以现代思维对传统文科进行科学合理的调整,具体表现为重组学科专业,主张文理融合发展,将先进强大的新信息技术(information technology)渗透至文学、哲学、艺术、历史等人文学科之中,希望学习者能够通过跨学科专业的方式快速实现自我提升。

当前我国"新文科"概念的提出源于 2018 年 8 月,在全国教育大会召开之前的半个月,中共中央在所发文件里提出"高等教育要努力发展新工科、新医科、新农科、新文科"(简称"四新"建设),正式提出"新文科"这一概念。2018 年 10 月,教育部等部门决定实施"六卓越一拔尖"计划 2.0,在基础学科拔尖学生培养计划中,首次增加了心理学、哲学、中国语言文学、历史学等人文学科,"新文科"概念浮出水面。② 2019 年教育部、中央政法委、科技部、工信部等 13 个部门正式启动"六卓越一拔尖"计划 2.0(卓越工程师教育培养计划 2.0、卓越医生教育培养计划 2.0、卓越农林人才教育培养计划 2.0、卓越教师培养计划 2.0、卓越法治人才教育培养计划 2.0、卓越新闻传播人才教育培养计划 2.0、基础学科拔尖学生培养计划 2.0),要求全面推进新工科、新医科、新农科、新文科建设,全面实现高

---

① 张永怀:《"新文科"视域下外语学科新形势与新进路》,《天津中德应用技术学报》2020 年第 2 期。
② 《教育部办公厅关于召开"六卓越一拔尖"计划 2.0 启动大会的通知》,http://www.moe.gov.cn/srcsite/A08/s7056/201904/t20190423_379238.html。

等教育内涵式发展。由此,"新文科"从概念提出走向正式实施,"新文科"建设引起了社会更广泛的关注。2019年6月20日,在高等学校专业设置与教学指导委员会第一次全体会议上,教育部高等教育司吴岩司长指出:作为一项战略部署,国家试图通过实施"六卓越一拔尖"计划2.0,推进人才培养体制机制创新,提高高校服务经济社会发展能力,最终实现"四新"建设总目标,并特别强调"我们一定要让'新文科'这个翅膀硬起来,中国高等教育飞得才能平衡、飞得高"①。"新文科"这一国家战略的启动,将对未来中国大学文科、中国教育乃至中国社会产生巨大影响。因此,"新文科"也极其自然地成为学界尤其是教育学界关注和讨论的热点话题。

二、"新文科"新在何处

(一)新的办学制度

新文科建设需要落实和扩大学校自主权,建立现代学校制度,推进学校进行现代治理,实行教育家办学。高校有充分的自主权,才能结合学校的办学定位,根据社会的变化,作出办学的调整,一直根据内部和外部环境变化进行"更新"。我国教育部门、科技部门等提出"新文科"建设,主要是从国家战略角度部署宏观政策,在这一政策指导下,各高校需要结合本校的办学定位建设特色"新文科"。

(二)新的评价体系

长期以来,我国高校文科建设相对理工科、医科来说处于"弱势"地位。这不是说文科不重要,而是因为评价高校办学和教师业绩,主要采用论文指标,包括论文发表数量和期刊档次,在世界大学排行榜中,期刊档次主要看国际期刊,这样一来,人文社会学科就因在国际期刊发表论文少,而变得相对"弱势"。现在进

---

① 《吴岩司长在高等学校专业设置与教学指导委员会第一次全体会议上的讲话》,https://jdx.cdtu.edu.cn/info/2042/3358.htm。

行"新文科"建设,应当注意解决这个问题。"新文科"建设应当着力培养一流文科人才,为此需要消除功利、浮躁的办学风气,倡导学术自治、教授治学,建立学术共同体评价体系,重视教师的真实教育能力与教育贡献,重视文科专业的办学质量和特色。

(三) 新的学科和专业布局

1998年以来,我国高校文科类专业的扩招幅度明显高于理工科。据教育部的统计,普通高校2004年入学的本科生为209.9万人,较扩招前的1998年增加了2.2倍。其中,经济管理类增加了4.0倍,包括新闻、外语等在内的文学类增加了4.0倍,法学类增加了2.6倍,与此同时,工学类仅增加了1.4倍,医学类增加了1.5倍。研究生的情况与此类似,2006年入学的博士生、硕士生合计为39.8万人,较1998年增加了4.5倍,其中经济管理类增加6.1倍,文学类增加6.2倍,法学类增加4.6倍,工学类增加4倍。一些高校认为,发展文科专业不需要专业实验设备,对专业师资的要求也不高,可以为学校快速扩招作贡献。如此扩招严重影响了文科专业的质量,一些文科研究生抱怨自己见不到导师,因为导师同时带的学生太多,实在忙不过来。在当下互联网时代、人工智能时代,社会需要更多高素质的复合型人才,"新文科"建设要推进学科交叉、融合,而不能各自为政、故步自封。我国一直在推进学科交叉,但一些学科交叉存在形式主义倾向,有的学科交叉甚至只是为了获得项目和资源,拿到项目和资源后仍各做各的。鉴于此,"新文科"建设以培养拔尖人才为目标,推进学科交叉,拓宽学生的视野,培养学生的创新与创造能力。

上述"新文科"建设的三个"新"是一个整体,三者环环相扣相互促进,才能形成高校"新文科"发展的新格局、新气象。在文史哲等人文科学实现融通,以及人文科学和社会科学实现融通的基础上,还要推进人文社会科学和医学、生物科学、信息科学等学科更深广意义上的交汇融通,推动形成覆盖高等教育全领域的"质量中国"品牌,打赢全面振兴本科教育攻坚战。

三、商务英语教学的发展与现状

　　2015 年的《商务英语本科新国家标准》明确指出,商务英语教学力求创新,人才培养注重实践性和就业竞争力[1]。当前很多高校的商务英语教学与这一目标是不相符的。一部分原因是受到传统英语语言类教学的束缚;另一部分是由于交叉学科缺乏一定的互动和创新,没有大胆去探索和创立新的教学模式。而商务英语教学将语言知识技能和商务知识技能作为课程设计的共同目的,这一先天性的特征必然会推动传统授课模式的改革与创新。这也成为翻转模式融入课堂的关键时机。

　　从当前商务英语教学涵盖的科目类别可以看出商务英语教学的特点,既具有知识性,也具有技能性。就大学本科教育而言,商务英语专业学生的学习从"一般类商务英语"进入"专业类商务英语"。商务英语教学涵盖面较广,课程种类也在逐步发生变化,凸显其专业特殊性。其中商务英语,作为商务英语专业的核心课程,同时也作为面向国际贸易和国际金融等专业开设的重要课程,由于实践性较强,越来越受到本科教育及职业教育的重视。商务英语课程将国际贸易实务与商务英语写作相结合,培养和提高学生的商务实践能力,该课程的学习对学生的外贸实务操作基础和商务英语词汇基础要求较高。传统教学中该课程的开展,存在教学资源匮乏、课堂互动性差、课程知识体系不完整等问题。虽然该项课程的学习目的很明确,但函电实际操作能力的演练需要以国际贸易实务操作流程为依托,所以大部分学校也会将国际贸易实务作为商务英语的先期课程或者平行课程。这样一来,授课过程中,不仅对学生融会贯通的能力提出了较高要求,对教师的授课计划的连贯性也提出了挑战。

---

[1]　王立非:《国家标准对商务英语人才培养和专业建设的要求》,2015 年。

四、"新文科"背景下商务英语教学对策

最近几年出现的可汗学院(Khan Academy)、慕课(MOOC)、"翻转课堂"以及 TED(Technology Entertainment Design)视频,体现了科技与课程的融合。其中,"翻转课堂"就是一个典型的创新教学模式,已成为国内外教学改革的重点。翻转课堂可以提高学生学习兴趣,激发学生课堂参与度。"新文科"背景下可以将教学现代与现代科技手段相结合,充分利用新技术、新媒体的优势,将其使用到翻转课堂这一新的教学模式中。

"翻转课堂"又称"颠倒课堂",翻译自英文的"Flipped Classroom"或"Inverted Classroom",是指将课堂内与课堂外的内容进行重新调整,学习的决定权从老师转移到学生,学生成为课堂教学的主体。[1] 翻转课堂教学模式下,教师不再占用课堂的时间讲授信息,这些信息需要学生自己在课前通过观看视频、收听播客、阅读电子书籍或电子资料来完成。他们还可以在线与其他学生讨论,能够随时查阅需要的材料。课堂上,教师集中讲解学生在课前自主学习时不懂的内容,这种有针对性的讲解能够有效地促进学生发展。"翻转课堂"有以下几个鲜明的特点:

(1) 所使用的教学视频短小精悍,针对性强,易于自主学习

考虑到学生的注意力集中时间,"翻转课堂"所使用的教学视频大都是短小精悍。大多数都只有几分钟的时间,长一点的也只有十几分钟。将教学视频的长度控制在学生注意力能够集中的时间范围之内,符合学生的学习特征。每个教学视频都是针对一个特定的问题,因此针对性很强,也易于查找。学生可以利用视频的暂停、回放等功能,自行控制观看进度,多次反复收看,有利于学生的自主学习。

(2) 学习流程再建构

学生的学习过程通常由两个阶段组成:一是"信息传递"阶段,在这个阶段,

---

[1] 参见萨尔曼·可汗:《翻转课堂的可汗学院:互联网时代的教育革命》,浙江人民出版社 2014年版。

教师和学生之间,学生和学生之间通过互动来实现信息传递;二是"吸收内化"阶段,由学生在课后自己来完成。① 由于"吸收内化"阶段缺少了教师和同学们的支持与帮助,因此学生常常会在这个阶段产生挫败感,进而丧失学习的成就感和动力。利用"翻转课堂"模式可以对学生的学习过程进行重新建构,由原来老师在课堂上向学生"信息传递"转为由老师提供视频和在线辅导,学生在课前自主学习信息;课堂上主要进行师生互动以完成学生对信息的"吸收内化"。这种模式下,教师提前了解了学生的学习困难,能够在课堂上给予针对性的辅导,同学与同学之间的交流也有助于促进学生对知识的吸收内化。

(3) 检测快捷复习方便

"翻转课堂"的教学视频之后通常有 4~5 个小问题,学生可以利用这些问题检测是否理解了学习的内容,判断自己的学习情况。如果问题回答得不好,学生可以利用视频的回放功能再看一遍,找出问题出在了哪些方面。教师通过网络平台汇总学生对问题的回答情况,及时了解学生的学习情况。教学视频还有另外一个优点,就是学生在一段时间之后仍可方便地访问视频,复习和巩固视频内容。②

与传统教学模式相比翻转课堂具有三大优势:

一是"翻转课堂"可以让学生真正成为学习的主人。

"翻转课堂"后,利用教学视频,学生能根据自身情况来安排和控制自己的学习。翻转课堂借助于授课视频具有"短小精悍"的特点,便于使用。这种短视频的播放长度一般在十分钟以内,符合人眼视觉驻留规律,不易使人产生视觉疲劳而降低学习效率。学生观看视频的节奏快慢全在自己掌握,懂了的快进跳过,没懂的倒退反复观看,也可停下来仔细思考或笔记,甚至还可以通过聊天软件向老师和同伴寻求帮助。

二是"翻转课堂"突破传统课堂教学的时空限制。

在翻转课堂上,教师的时间被释放,让教师有更多的时间与学生在一起,因此教师能更好地了解学生,更清楚地知道谁学习有困难,谁能迅速地掌握学习内

---

① 陈晓平:《传统教育模式被翻转的端倪——"翻转课堂"在成人高校商务英语写作中的实践与体验》,《中国成人教育》2013 年第 5 期。
② 李颖颖、韩林:《数据结构翻转课堂教学实践》,《计算机工程与科学》2016 年第 11 期。

容并可从一些额外的挑战性工作中受益。进一步,我们还能了解学生的生活,并有机会确认他们需要帮助的点在哪里,或者识别和跟踪他们潜在的问题。利用"翻转课堂",学生课外先看视频自学,可以选择自己的节奏和方式,能力强的学生可以跳过,而"吃不消"的学生则可以重播和后退观看,各得其所。

三是"翻转课堂"增加了学习中的互动。

"翻转课堂"最大的好处就是全面提升了课堂的互动,具体表现在教师和学生之间以及学生与学生之间。采用"翻转课堂"模式,学生在家通过教学平台先完成学习,使得课堂变成老师和学生之间互动的场所,包括答疑解惑、完成作业等,从而达到更好的教育效果。由于新网络科技让知识的传授变得便捷和容易,教师通过改变教学模式,把教学重心和时间放到第二步,换言之,就是把"吸收内化"这一重要的过程放在课堂时间。当教师更多地成为指导者而非内容的传递者时,我们也有机会观察到学生之间的互动。[①]

五、结　语

新文科建设不仅是一个学科建设问题,还是一种方法论和一种新理念,更是一种学科内部的自我革新。新文科建设既对传统的商务英语教学提出了挑战,又给商务英语学科的发展提供了无限的机遇。在"新文科"发展背景下,我们需要将商务英语教学与现代科技手段相结合,充分利用新技术、新媒体的优势,将其运用到新的教学模式中,激发学生的学习兴趣和参与积极性,提高课堂参与度,使学生成为商务英语课程真正的主体。

---

① 陈芳:《外贸英语函电翻转课堂教学模式研究》,《安徽电子信息职业技术学院学报》2015年第2期。

高校外语课程思政的探索与实践
——以上海政法学院第二外语（日语）为例

孙盛囡[*]

内容摘要： 高校第二外语（日语）课程为专业能力拓展课程，旨在开阔学生视野，培养学生多元文化理解能力，提高国际交流合作能力和国际从业竞争力，是当前"新文科"建设不可缺少的部分。本文着重探讨在全国高校积极推进课程思政建设的大背景下，在第二外语（日语）课堂中融入思政元素的必要性与途径方法。首先对课程思政教育进行梳理，进而阐述在第二外语（日语）教学中融入思政教育的必要性，最后探讨高校第二外语（日语）课程思政的途径。

关键词： 高校；第二外语；日语；思政

近年来，我国教育领域取得了令人瞩目的成就，德育思想政治工作的教育政策与时俱进，推陈出新。党的十八大报告中第一次提出要将"立德树人"作为我国德育与思想政治教育发展战略的一项根本任务。2016年全国高校思想政治工作会议召开，习近平总书记进一步提出"坚持把立德树人作为中心环节，把思想政治工作贯穿教育教学全过程，实现全程育人、全方位育人"[①]的根本要求。2018年，习近平总书记在北大师生座谈会上再作重要讲话，提出要把"立德树人

---

[*] 作者简介：孙盛囡，上海政法学院语言文化学院，研究方向：中日关系、教育社会学。
[①] 习近平：《把思想政治工作贯穿教育教学全过程　开创我国高等教育事业发展新局面》，《人民日报》2016年12月9日。

的成效作为检验学校一切工作的根本标准",大学建设的各个环节应以立德树人为核心。① 2020年5月教育部印发《高等学校课程思政建设指导纲要》,明确课程思政建设要在全国所有高校、所有学科专业全面推进。在这一"大思政"背景下,如何在第二外语(日语)课程中贯穿"立德树人"理念,融入思政元素,帮助学生树立正确的人生观、价值观和世界观,在传授语言知识技能的同时实现全方位育人目标,成为一个值得深入探讨的话题。

一、课程思政教育的内涵

2016年12月,习近平总书记在全国高校思想政治工作会议上发表重要讲话。讲话强调,高校思想政治工作关系高校培养什么样的人、如何培养人以及为谁培养人这一根本问题。要坚持把立德树人作为中心环节,把思想政治工作贯穿教育教学全过程,实现全程育人、全方位育人,努力开创我国高等教育事业发展新局面。②

为深入贯彻落实习近平总书记关于教育的重要论述和全国教育大会精神,贯彻落实中共中央办公厅、国务院办公厅《关于深化新时代学校思想政治理论课改革创新的若干意见》,把思想政治教育贯穿人才培养体系,全面推进高校课程思政建设,发挥好每门课程的育人作用,提高高校人才培养质量,经教育部党组会议审议通过,教育部制定了《高等学校课程思政建设指导纲要》并于2020年5月28日开始印发实施。③

纲要指出,全面推进课程思政建设是落实立德树人根本任务的战略举措。课程思政建设工作要围绕全面提高人才培养能力这个核心点,在全国所有高校、所有学科专业全面推进,促使课程思政的理念形成广泛共识,广大教师开展课程思政建设的意识和能力全面提升,协同推进课程思政建设的体制机制基本健全,

---

① 习近平:《在北京大学师生座谈会上的讲话》,《人民日报》2018年5月2日。
② 习近平:《把思想政治工作贯穿教育教学全过程 开创我国高等教育事业发展新局面》,《人民日报》2016年12月9日。
③ http://www.moe.gov.cn/srcsite/A08/s7056/202006/t20200603_462437.html.

高校立德树人成效进一步提高。课程思政建设内容要紧紧围绕坚定学生理想信念,以爱党、爱国、爱社会主义、爱人民、爱集体为主线,围绕政治认同、家国情怀、文化素养、宪法法治意识、道德修养等重点优化课程思政内容供给,系统进行中国特色社会主义和中国梦教育、社会主义核心价值观教育、法治教育、劳动教育、心理健康教育、中华优秀传统文化教育。①

纲要强调,专业课程是课程思政建设的基本载体。要深入梳理专业课教学内容,结合不同课程特点、思维方法和价值理念,深入挖掘课程思政元素,有机融入课程教学,达到润物无声的育人效果。②

简言之,所谓课程思政教育,就是将思想政治教育有机融入高校各门课程的各个教学环节,以"隐性思政"的方式,达到润物无声的育人效果。与"显性思政"——思想政治理论课相辅相成,共同构建全课程育人格局。③

二、第二外语(日语)课程融入思政的必要性

《高等学校课程思政建设指导纲要》中特别指出,文学、历史学、哲学类专业课程要在课程教学中帮助学生掌握马克思主义世界观和方法论,从历史与现实、理论与实践等维度深刻理解习近平新时代中国特色社会主义思想。要结合专业知识教育引导学生深刻理解社会主义核心价值观,自觉弘扬中华优秀传统文化、革命文化、社会主义先进文化。④ 可以说,在我国高校众多专业和学科中,外语专业尤其有必要加强思政教育工作,作为外语专业的能力拓展型课程的第二外语(日语),更是不能置身其外。

---

① http://www.moe.gov.cn/srcsite/A08/s7056/202006/t20200603_462437.html.
② 同上。
③ 宋春明:《外语类专业开展"课程思政"的必要性与途径》,《理论与创新》2020年第1期。
④ http://www.moe.gov.cn/srcsite/A08/s7056/202006/t20200603_462437.html.

（一）中华优秀传统文化的内在支撑

在漫长的历史发展过程中，中华民族独具特色的思维模式和行为准则，积淀成为优秀传统文化的内涵，蕴藏着可贵的价值观念。事实上，当代社会主义核心价值观恰恰集中体现了中华民族这一文化传统，比如"诚信""文明""和谐"等，都是来自中华优秀传统文化的价值理念。这一中华优秀传统文化为外语教育思政融入提供了丰富的思政元素，是外语思政教育强大的内在支撑。外语教育的目标是培养社会发展需要的人才，只有在外语课程教学过程中融入思想政治教育，引导学生深刻理解社会主义核心价值观，继承弘扬中华优秀传统文化，才能培养出既具中国优秀传统底蕴，又具国际视野的全面型人才。

（二）外语课程教学规律的潜在需要

在外语学习过程中，学生不可避免地会了解到目的语国家的风土人情与文化艺术，但与此同时，也难免会接触到该国所推行的政治体制及其宣扬的意识形态与宗教思想。刚步入大学的大学生心智尚未成熟，人生观、世界观和价值观尚未完全成型，如果没有得到正确引导，一些错误与片面的观念容易乘虚而入。当今是一个信息爆炸的时代，青年学生在获得广阔求知空间的同时，也容易受到"网络信息污染"。[1] 尤其是新媒体的出现与发展弱化了传统媒体的话语权，年轻人较少甚至不再通过传统的媒体渠道获取信息。而新媒体领域仍存在一定监管漏洞，资讯质量良莠不齐，往往成为传播不良信息的土壤。因此，外语教学过程有必要融入思政，引导学生正确看待国际社会对中国的不实评价，在纷繁复杂的信息世界中保持头脑冷静，学会明辨是非。

---

[1] 李晓艳：《"课程思政"理念下二外日语教学研究与改革实践》，《2020 教育信息化与教育技术创新学术研讨会年会论文集（二）》2020 年版，第 6—9 页。

(三) 新时代外语专业人才培养的必然要求

当前,中国特色社会主义进入新时代。在新时代背景下,外语专业的发展应该与国家发展一脉相承,人才培养与定位应该与国家发展势头保持一致。当今中国的外语专业不能仅满足于培养"会说外语的人才",而应培养"既具有坚定的理想信念又有扎实的理论功底,既具备过硬的外语专业水准又有优良的综合素质,既有中国情怀又具国际视野,既能胜任自身所处领域的工作又能适应时代发展要求、勇于创新、敢于担当的社会主义复合型、国际化、创新型人才"。这意味着除了扎实的外语语言基础以外,新一代外语专业的大学生还必须拥有深厚的爱国情怀,具备良好的思想政治素养,坚定文化自信心与认同感,拥有传播优秀中华文化的自觉意识。培养这样的新时代外语专业人才则是新时代赋予外语专业的新使命。[①]

三、第二外语(日语)课程思政的实现途径

第二外语(日语)课程如何实现课程思政呢?笔者认为,可以通过挖掘教材思政元素、利用含有思政元素的素材进行听说和翻译实践练习以及充分利用特殊事件、时间等方式灵活、有效地实施课程思政。

(一) 深挖教材思政元素,增强学生文化认同和文化自信

在深刻领会《高等学校课程思政建设指导纲要》精神,认真研读思想政治理论课教材的基础上,全力挖掘教材中的思政元素,提炼其与思政理论的内在契合点,将社会主义核心价值观教育、中华民族优秀传统文化等思政元素融入教学全

---

① 宋春明:《外语类专业开展"课程思政"的必要性与途径》,《理论与创新》2020 年第 1 期。

过程,实现增强文化认同、协同育人的教学目的。以下以日语二外教学中使用最为广泛的《标准日本语(初级)》教材为例加以具体说明:

1. 语音教学阶段的思政融入

教材的入门知识部分,主要是对日语发音、文字的讲解和介绍。其中,对日本文字的来源的讲解无疑是进行课程思政的绝佳素材。日语中的文字分为汉字、平假名、片假名和罗马字等四大类,汉字来源于中文,这是毋庸讳言的。就连日本的自创文字——假名,也由汉字演变而来。因此,在语音教学期间,以文字为载体,通过介绍汉字传入日本的历史及在日本的发展过程,进行课程思政,不但可以提高学生学习日语的兴趣,也能够提高假名的学习效率,同时还可以让学生认识到汉语的博大精深,激发学生的民族自豪感,培养学生的家国情怀。①

2. 语言知识讲解过程的思政融入

在讲解具体语言知识的过程中,也可以适当融入思政元素。比如讲解教材第三课"医院"一词时,可以延伸介绍日本的医疗体制,进而对比中日两国政府在抗击新冠疫情的种种举措,引导学生思考,为何医疗水平居世界前列、人均病床数全球第一的日本会在抗击新冠疫情方面屡屡受挫,甚至出现医疗挤兑。从而激发学生的民族自豪感,感受到祖国的强大。再比如,在讲解教材第47、48课的尊他语和自谦语时,对于敬语的讲解可以结合礼仪文化等知识,进而导出我国作为"礼仪之邦",自古以来就注重传统礼仪这一知识点,引导学生继承发扬我国传统文化。

3. 社会现象介绍过程的思政融入

教材中出现了日本社会老龄化的介绍,可由此发散开来,介绍日本企业"年功序列制"导致内部阶层固化,活力创新不足,过劳死事件频发,社会压力过大而导致自杀人数逐年攀升,生存环境压力大导致"少子化"和"老龄化"等社会问题。引导学生辩证地看待日本社会及其文化,加深学生对社会主义核心价值观的理

---

① 马琳琳:《课程思政在第二外语课程中的应用研究》,《绥化学院学报》2021年第3期。

解和认识。①

（二）选取含有思政元素的素材进行听说和翻译实践，潜移默化引导学生提升理论修养

1. 听说练习

选择话题性较强且适合学生能力水平的时事新闻进行听说练习，并围绕话题进行口语练习。不但可以开阔学生视野，了解国内外情况，同时也可以通过话题讨论引导学生建立正确的人生观、价值观，增强民族自信。比如，近来由于疫情持续蔓延，日本国内围绕东京奥运会的举办产生了较大争议，有近六成的民众希望取消东京奥运会。② 可选取相关新闻报道，让学生进行听说训练。

2. 翻译练习

党的十九大召开期间，让学生翻译十九大报告中的部分语句，并在分析讲解的过程中，导入中国特色社会主义等相关内容，提高学生语言综合应用能力的同时，激发学生的爱国热情。

（三）抓住特殊时间、特殊事件，将思政教育融入其中

遇到特殊时间、特殊事件，可以灵活地通过时事导入进行课程思政。例如9月18日，可以与学生一起回顾"九一八事件"，激发学生爱国热情，引导学生树立"勿忘国耻，振兴中华"的信念。新冠疫情暴发，中国作为一个拥有14亿人口的大国，迅速控制住了疫情。与此形成鲜明对照的是，美国、日本等发达资本主义国家抗疫不力，造成疫情蔓延。可以与学生讨论导致这种现象的原因，进而增

---

① 李晓艳：《"课程思政"理念下二外日语教学研究与改革实践》，《2020教育信息化与教育技术创新学术研讨会年会论文集（二）》2020年版，第6—9页。
② 据日本《读卖新闻》和东京电视台两大媒体所作的最新民意调查，近六成的日本民众希望取消东京奥运会，参见 https://baijiahao.baidu.com/s?id=1699469884514303862&wfr=spider&for=pc。

强学生的民族自豪感。

　　随着时代的飞速发展,社会对外语人才的要求日益提高,仅仅掌握本专业语言以及一门第二外语,已无法满足当今社会对于外语人才的需求。因此高校外语教育不能仅仅局限于语言专业知识的传授,而要注重对学生思想意识的引导和提升。把立德树人作为教育的根本任务,在语言教学中融入"课程思政"理念,培养具有民族文化自信,拥有国际视野的复合型外语人才,是教育工作者的责任与使命,也是对"培养什么人,怎样培养人,为谁培养人"这一问题的有力回应。

数字信息化背景下高校
教师职业发展途径探析

张静文*

内容摘要：数字信息化时代的到来，使现行高等教育形态产生了根本性变革，教育革命对高校教师的职业发展提出了新要求。本文从大数据技术对高校教学活动产生的冲击入手，分析了这种转向在教师角色、教学模式、知识技术等方面造成的职业发展困境和挑战。为适应数字信息化时代对教育发展的要求，高校教师需转变职业观念，坚守专业自觉，完善教学方式，提高信息技术应用能力，以实现自身职业发展。

关键词：数字信息化时代；高校教师；职业发展

随着以数字信息化为标志的第四次工业革命浪潮的到来，网络信息的技术革新迅速地进入高等教育领域，引发教育模式的变革。高校教师作为大学教育的中坚力量，也是教学活动的主要参与者和执行者，在面对这场突如其来的教育革命时，必然会在教学理念和教学方法等方面受到影响，遭遇身份角色、教学技能、知识结构等一系列不可回避的职业挑战。因此，在数字信息化时代背景下，对造成高校教师职业发展困境的诸多因素进行仔细审视，并在此基础上制定相应的发展策略，便成为一个兼具前瞻性和现实意义的重要课题。教师职业发展

---

* 作者简介：张静文，博士，上海政法学院语言文化学院讲师，研究方向：英美文学、英语教学。

途径的探究不仅有利于教师的个人成长,也有助于高校加快适应数字信息化时代发展的需要,以便在新时期更好地履行培养优秀人才的使命。

一、数字信息化时代下高等教育发展态势

(一) 数字信息化时代背景

教育在本质上属于一种社会现象,从产生时就和人类物质资料的生产密切相关。生产力作为教育发展的物质基础,其发展水平对教育发展形态有直接的影响,起着至关重要的决定作用。随着生产力水平和人类社会文明程度的不断提高,教育形式也从最初分散的个人农耕教育进化到工业化时代的集体学校教育。当前,网络信息技术成为一种新的先进生产力,在它的驱动下,知识的传播更加方便快捷,教育方式更加多元化,新的信息技术给现代教育注入了新的发展活力,促使了教育变革的到来。国务院于2015年颁布的《关于积极推进"互联网+"行动的指导意见》明确指出,网络技术是助推现代教育的有效方式。在网络科技日新月异的现阶段,信息以前所未有的形式和渠道迅速传播,知识变得无所不在,给人们日常生活带来了冲击,教育也不例外。

(二) 数字信息化对高校教育的冲击

数字信息化时代的到来给各个层次的教育都造成了一定的冲击,而对高校教育的影响尤为明显。相比中小学教育而言,高校学生虽然具有和中小学生一样的受教身份,但他们却是网络技术的主要使用者,其信息处理和运用能力更为深刻娴熟。通过一系列先进信息技术手段构建的在线学习网站、公开课课程、远程网络教学等多种的知识传输平台,让知识的形成、储存和扩散方式更加多样化,获取方式越发便捷高效。当前的高校学生普遍能够熟练使用网络信息技术,因而可以摆脱传统高校课堂教育时间、空间和方式的束缚,自主地选择学习内容、学习时间和地点。从这个层面来讲,大数据冲击下的高等教育业已成为一种

"数据支持的行为科学"①。同时,对于高校教师而言,信息数字技术表现出的信息量大、非层次分布、数据处理速度快等特点可以用于改善教学效果,促进教育发展。教师可以利用信息技术手段,对教学数据进行收集和深加工,得到有关教学活动的有价值信息,通过可视化的呈现方式了解学生对教学材料的理解情况,学生最需要的学习内容,最适用于学生的教学模式等教学情况。在此基础上,教师可以科学地为学生提供分层次乃至个人定制式的学习计划和培养方案,实现真正意义上的"因材施教"和个性化教学。

二、数字信息化时代高校教师职业发展困境

(一) 身份角色困境

在以批量化、标准化为特点,班级为单位的传统集体教育模式中,教师主导整个教学过程,选择教学内容和教学方式,制订教学计划和教学进度,按照统一标准对学生进行教学测评。在这种模式中,教师在学生面前以知识来源者和权威者的身份出现,指导学生实现知识从教师到学生的单向传递。然而,数字化时代的到来和信息技术的迅猛发展使在传统教育中处于教育活动中心地位的教师陷入尴尬的身份困境。互联网环境下成长起来的高校学生,能够通过网络媒介轻易地获得有关学科的大量知识,其丰富程度是传统纸质教材无法比拟的。从这一层面来讲,高校教师不再是知识的垄断者和权威象征,而学生的角色也从传统课堂中的知识被动接受者转化为信息化课堂中的知识主动索取者。这种身份转化意味着高校教师必须从单一的学习资料供给者转向为教学材料的整合者,在尊重学生个性化学习的前提下,将相关的课程信息知识以多种信息媒介形式展现给学生,满足他们更高层次的知识需求。在此背景下,教师要勇于面对这种角色变化,理解并接受从"教学主宰者"到"学习辅助者"所带来的身份落差,在数

---

① 陈金平:《大数据时代的大学英语教师职业发展》,《当代外语研究》2014年第4期。

字信息化教育转变中找准自身位置,更好地履行职业职责。

(二)教育教学困境

数字信息化时代背景下,高校教师要更好地履行自己知识传播者的职责,就必须要适应教育形势发展,完善教育教学方法。在继承传统教学模式积极成果的同时,也要对其进行深刻反思和升级优化。首先在教育目标方面,教师要认识到学生缺乏的不再是学习资源,而是如何处理自己所搜集到的海量知识的技巧,以及对其进行探索的兴趣。其次,在教学方式方面,以纸质教材为依托,实行人对人面授的传统教学方式已不能满足数字信息化时代教育发展的需要。网络信息下的文字、图片、音频视频等电子资料已经生成了多样化的动态教材,因此,以固定教材为中心的师生单向互动已逐渐演化为依靠动态教材为中心的师生双向互动,高校教师在注重"三尺讲台"传讲教学的同时,也必须重视日益重要的"课外教学",利用便捷的社交网络平台,构建第二课堂,开展线上线下多层次的师生互动交流。此外,在教学评价方面,数据化教育的出现可以让教师对学生的学习表现有量化了解,让传统中依靠教师主观感受和经验判断的评价方式变得更加科学客观。对学生学习数据的搜集和跟踪分析,有益于帮助教师掌握学生认知程度,学习态度变化等动态情况,从而在客观数据评价的基础上,有针对性地进一步做好教学引导工作,提升学生的学习效果。

(三)知识技术困境

随着信息技术突飞猛进地发展,高校教师除了不断提高自身专业知识水平之外,还需要掌握现代数据信息处理技术来辅助教学和科研活动。在数字化时代,教学环节的设计,教学活动场景的布置,教学方式手段的使用,以及教学效果的评判等原本依靠主观经验决定的教学行为正变成"一种需要数据理论支撑的科学行为"[1]。在这种形势下,如果教师不能进行有关的应用程序操作,不熟悉

---

[1] 陈金平:《大数据时代的大学英语教师职业发展》,《当代外语研究》2014年第4期。

网络教学平台的使用以及对教学数据进行深化处理的方法,就很难适应数字信息化背景下的教学工作。同时,作为高校教师,在完成教育教学的本职工作之余,还要承担一定量的科学研究工作。新时代信息资源的爆炸式增长使教师在进行科研时所面临的竞争压力也相应增加,数字信息化时代信息体量大、种类多、更新周期快,高校教师必须具备一定的数据意识和信息处理能力,才能获得自己科研所需的有效信息。因此,无论从教学还是从科研层面来说,新时代中的教师都要不断地学习,提升自己的信息技术能力,才能将两者做得更好。

三、数字信息化时代教师职业发展的对策

教师职业发展的关键是教师的自我发展,利用个人的主观能动性持续地提升自己的综合素质,以此来满足个人职业发展的需要。教师要根据不同时期的不同情况灵活地制定个人发展目标和路径,实现自我提升。当前,蓬勃发展的数字信息技术对于许多教师而言,还是一个较为陌生的课题,他们不了解这种新技术会在不久的未来给教育带来什么样的冲击和变革。危机意识的缺乏极易让他们陷入职业发展的困境。面对当前的教育发展态势,高校教师要有危机意识,唯有不断提升自己能力,才能适应教育发展需要,履行自己的职业任务。

(一) 转变职业理想,坚守专业自觉

数字信息化时代下的教育变革已然来临,教育变革对高校教师造成冲击在所难免。面对这种激烈的教育转向,教师不能在巨大的身份转变中迷失自己的职业定位,要顺应时代发展的潮流,更新自己的职业观念,完成从主宰型教师到引导型教师的职业角色升级。在这种身份转化中,教师要坚守自己的专业自觉,蔡淑兰认为专业自觉是现代教师职业发展的核心动力[①],它指的是教师对自己所投身的教学工作有冷静准确的认识,这种意识可以帮助教师在教学实践中主

---

① 蔡淑兰:《教师职业发展核心动力的演变与发展》,《教育理论与实践》2012年第17期。

动创新,完善自己的专业知识结构,满足教育教学需求,实现自己的职业理想。在数字信息化时代,教师要面对着教师知识光环褪去的危机和教育科技化对教学过程带来的挑战,此时教师必须在了解自己职业特点的前提下,明确自身的发展目标和方向。数字信息化时代的到来是教师职业发展的新契机,高校教师依据新时代的教学要求,发挥自己的主观能动性,自觉反思教学活动中的得失,从不同角度审视自己的教育方式,进一步扩充自己的专业知识,不断更新自己的职业和教育观念以适应科技发展对高校教育的新要求。专业自觉是一个需要付出艰辛努力才能获取的职业品德,对教师的职业发展有重要的影响,如果教师在数字信息化的教育变革中达不到专业自觉,其结果只能是在教师职业身份转变中迷失自己,更谈不上职业发展了。

(二) 完善课堂教学模式,开展个性化教学

网络科技突飞猛进的发展为学生获取学科知识提供了多元化的渠道,教育教学中,教师也要紧跟形势发展,拓宽自己的教学方式。但这并不意味着对传统教学模式的彻底遗弃,而是在其原有优势的基础上予以升级完善。在科技时代背景下,教师要发挥传统课堂面对面交流的独特优势,融入多样化的教学方法,创建融洽的集体氛围,增加学生的课堂参与度,在平等的基础上实现知识的传递和情感的交流。将这种数字信息化时代以"学生所需为教学中心"的理念融入传统课堂,有助于培养学生的学习兴趣和热情,便于他们产生主动求知欲望,成为适应数字信息化时代需要的主动学习者。同时,在具体教学中,教师也要对学生的不同特点和个性予以关注,通过对学生个体学习方式、学习习惯、学习节奏、学习效果等学习行为的记录和统计,利用数据分析技术对其进行微观分析,得到科学客观的学生学习能力评估数据,进而依据学生各自的学习特点给予不同的学习指导,为他们制定符合自身需要的学习计划和策略,促进其学业水平不断提高,实现学生个性化发展。

(三) 提升信息技术应用能力,促进教学科研水平

网络数据的共享特性使教师和学生获取的学习资源并无二致,新时代背景

下的教师如果无视网络信息的影响,一味地依赖教材而不深入地研习网络资源,将会出现学生掌握的学习信息超过教师所获得的尴尬现象,在此情形之下,课堂上当教师面对比自己知识占有量还大的学生时,必定捉襟见肘,难以招架。因此,教师在拓展自己专业知识深度和广度的同时,也要学习和掌握新的信息知识和技术,才能适应数字信息化时代对高校教学的要求。教师在收集整理教学资料时,要能够运用信息识别、信息提取、信息检测等信息管理和分析技术,选取最优的教学资源[①]。在授课过程中,能够运用 PPT、Flash、课件开发等教育信息化工具,清晰生动地展现教学材料。总之,教师要利用多种途径和手段丰富自己的信息技术知识,构建自己的数据知识体系,将其运用到教学和科研中去,并要通过实践的检验进一步完善丰富自己的知识技能,不断提升自身信息技术应用能力,更好地完成教学科研工作。

数字信息化科技浪潮给高等教育带来了巨大的影响,教育教学中出现了学习资源海量化、教学方式个性化、教学空间扩大化等发展趋势。新时代教育变革给高校教师带来职业挑战的同时,也为他们的职业发展提供了崭新的平台。广大高校教师要积极面对教育形态的变化,调整职业角色定位,更新自身知识体系,创新教学模式,构建适应数字信息化时代发展需要的职业能力,助推高校教育的新发展。

---

① 李军:《大数据时代高校教师的信息素养》,《当代教学理论与实践》2014 年第 9 期。

对国外留学生教学中引入比较文学的几点设想
——以中国文学史课程教学为例

杜慧敏[*]

内容摘要：在国外留学生专业学习需求不断增加的背景下，中国文学史课程中可以引入比较文学影响研究、平行研究和译介学研究的理念与思路，从内容到形式加以调整，以适应留学生教学的需要，同时还需兼顾这门课程本身的历史维度和文学情感维度。

关键词：国外留学生教学；比较文学；设想；中国文学史课程

一、中国文学史教学：机遇与挑战

2013年，中国向世界发出"一带一路"的倡议。近几年，随着中国综合国力的不断提高，"一带一路"沿线国家留学生进入中国大学学习的人数逐年增加。根据教育部2019年的统计，有超过25万名接受学历教育的国外留学生在我国31个省（区、市）1004所高等院校学习。到目前为止，虽然汉语教学依然是中国大学国外留学生培养的重要组成部分，语言教学也必然伴随文化传播，但仅仅停

---

[*] 作者简介：杜慧敏，上海政法学院语言文化学院副教授，研究方向：比较文学、翻译文学、近代中外文学关系。

留在对外汉语教学的层面,已经不能满足国外留学生对中华文化的浓厚兴趣和更为专业的学习需求。明显的表现之一,就是有越来越多的国外留学生开始主动选择修习我国大学课程体系中的专业学位课程,与同专业的中国学生共同学习,接受无差别的课堂教学。可以想象,在未来这将是一种必然的发展趋势。这种发展趋势是可喜的,同时也意味着挑战:对留学生来说,超越语言学习层面的专业学历教育,带来的是学习难度的显著提高;而对于原本只是教授国内本科专业学生的教师来说,授课对象的巨大差异必然要求对其授课内容和方式方法进行全方位的调适。笔者所讲授的中国文学史课程,是汉语言文学本科专业的学科基础课,而随着不断有国外留学生走进课堂,就成为了这样一门面临着机遇和挑战的课程。因此,探索如何提升国外留学生的授课效果和质量已经摆上日程。

事实上,针对国外留学生教学中存在的普遍问题,已经有从教者和研究者提出了多种改进课堂教学方式方法的措施,比如有教师主张在国外留学生课堂教学中运用对话式教学,"对话教学应建立在教师营造的平等、爱、谦恭、信任的课程氛围中,引导和启发来华留学生与教师形成具有平等性、合作性和相互性的良性师生互动课堂。"[①]除此之外,还有案例教学法、文献教学法、小班教学模式等等。问题在于,这些教学方式方法大都来源于一直以来对外汉语教学领域的实践经验,而对以中国古代文学和文化为主要讲授内容的中国文学史课程而言,其适用性和效果都比较有限。如果将这些教学方式方法应用于中国文学史的专业教学,只能辅助性地增进授课效果,并不能从根本上解决国外留学生在中国文学史理解和接受上遇到的困难。究其原因,主要在于中国文学史专业课程本身的特性和难度。即使对于国内汉语言文学专业的本科生来说,要学好这门课都是相当困难的。中国文学史在时间上跨越两千多年,不同阶段有不同的知识侧重。比如明清两代的文学史以小说、戏曲两种文体为主,文学作品体量巨大。此外还有大量的诗文词。惊人的作品阅读量是学习这门课必须的基础。这样的要求,中国学生也不容易做到。另外在语言上,中国学生虽然母语是汉语,仍然面临着文言文阅读理解的困难;而在文化上,中国传统文化历时久远、博大精深,当代大学生也需要通过老师的引导和自己的努力才能逐渐消除隔膜,深入理解祖国的

[①] 宋灵:《试论对话式教学在来华留学生课堂教学中的应用》,《湖北经济学院学报(人文社会科学版)》2021年第4期。

优秀历史文化。由以上可推知,当国外留学生修习同样的课程时,会面临怎样一种局面。他们不仅会遇到国内学生的上述困境,还会因为跨越异质语言和文化而产生更难逾越的隔阂。极端点说,这几乎是要求留学生们达到海外汉学家的水平。

另一方面,我们也应该看到,人数的不断增加使得国外留学生教育越来越成为中华文化走向世界的一个重要的途径。如果通过专业课程的教学,让留学生们真切领会和感受到中华优秀文化的魅力,那么他们将主动成为中华文化最好的世界传播者。恰是在此意义上,我们要从"如何向世界展示和弘扬中华文化"的高度来认识中国文学史的教学性质,认真思考、努力探索如何向国外留学生讲授好这门汉语言文学专业的学位基础课程。而对国外留学生来说,这不仅仅是选修了一门课程,更是接受中华文化熏陶的一次陌生而宝贵的体验。对大学课堂教学本身而言,方式方法自然必不可少,然而对留学生实现一种异质文学文化的浸润,并不能仅仅靠"方法"。中国文学史课程既然不得不突破语言层面和可见可感的民俗文化层面,笔者主张从这门课程的根本特性和所授内容出发,针对授课对象的变化,引入比较文学的学科理念,借鉴比较文学的研究思路,来扩充中国文学史课程留学生教学的宏观设计。

二、引入比较文学:理念与思路

比较文学自20世纪80年代引进中国,发展到今天已经成为国内研究生培养的学科专业之一。不过一直以来,我国比较文学的研究主体都是国内学者和研究生,比较文学的应用则很少被论及。陈惇把"跨越"与"开放"作为比较文学的根本特性,"把比较文学看作跨民族、跨语言、跨文化、跨学科的文学研究,更符合比较文学的实质"。[①] 他认为,比较文学在民族文学之间"把文化冲突引向沟通与理解"大有用武之地。[②] 今天看来,面对留学生教育的新局面,比较文学的这重功能正是我们在向国外留学生讲授中国文学史时所需要的。应该说,比较

---

① 陈惇等主编:《比较文学》,高等教育出版社1997年版,第9页。
② 同上,第13页。

文学在这方面的应用也是大有用武之地。我们可以尝试着充分发挥比较文学在跨越民族、语言、文化的文学教学中的应用性，而不是让它仅仅自限在学术研究的领域。

当然，比较文学本身具有专业性和难度，因此我们在教学中融入比较文学时，既要有所择取，尽量避开过于专业学术的繁琐研究，又要利用其国际视野和跨文化的理念和思维方式。我们总体的设计思路是，引导国外留学生从各自所在国家文学文化的站位出发，与中国文学史所授中国古代文学文化内容进行比较思考和研讨，用他们各自成长中最为熟悉的本国文学文化作为理解中国的类比项，而不是没有缓冲的面对陌生的知识，从而激发学生兴趣，找到突破语言文化隔阂、接通中外文学文化的端口。具体来说，在中国文学史的课堂教学中我们可以尝试引入比较文学研究已经非常成熟的三种理念和思路。

（一）比较文学影响研究

比较文学影响研究称为 Influence study，它主要是研究不同国家民族文学之间相互的交流和影响，比如早期法国学派的影响研究"誉舆学（Doxologie）"就是"研究作为放送者的某个作家作品在国外的声誉、成就和影响"。[1] 依此，在中国文学史教学中可以指导国外留学生去探究中国文学对其他国家文学产生过影响的具体案例。比如我国唐代诗僧寒山的诗，在20世纪50年代经由日本传到美国，曾经直接影响当时的美国文学，产生了"寒山热"。20世纪的欧洲各国也对寒山诗表现出很高的兴趣。如果留学生们能够先在自己国家的文学史中发现类似这样的经典的比较文学影响研究案例，不仅会对陌生的中国文学产生亲切感和兴趣，还能循着这条线索准确找到理解中国文学的关键点。这样的中外文学交流的事实，会让留学生认识到，他们所修习的中国文学与其母语文学之间，本来就曾相互友好融通过，而不是彼此毫无关系甚至相互敌对。选择修习中国文学史的留学生若来自不同的国家和文化，课程中运用比较文学影响研究的思路效果会更好，教师在此基础上还可以扩大范围，引导留学生就这样的文学影响

---

[1] 卢康华、孙景尧：《比较文学导论》，黑龙江人民出版社1984年版，第144页。

跨越国家和文化的案例,与来自不同国家的其他留学生、与中国学生展开案例细节的分享和讨论,在课堂上真正实现跨文化的文学思想的碰撞。如果能够达到如此理想的教学效果,那无论对留学生还是对中国学生,都将是一种带有世界文学背景的中国文学的绝好教育。

(二) 比较文学平行研究

比较文学平行研究称为 Parallel study,这种研究思路最早由美国学者提出,"进行平行研究首先要确立一定的'标准',建立关系,或是把要研究的问题提到一定的范围里来。"[①]其核心理念是按照一定的标准建立关系。平行研究"在研究其同异与探求其原因规律时就更注重'关系'的可比性,也就是说,对平行研究的文学对象,要确立一定的标准,并在一定的范围内研究其问题,以获得'人同此心,心同此理'的相似相应新识,或'同中求异与异中求同'的相存相衬新见。"[②]应该说,在国外留学生的中国文学史教学中,这种平行研究的理念和思路比影响研究有更大的应用空间。因为相对于必须有事实根据的中外文学相互影响的那些个别案例,大多数中外作家作品之间还是各自独立存在的。毕竟,中外文学产生真正意义上的大规模的交流和影响是在 19 世纪末以后的事情。在此之前,中外各自的文学历史长河并未交汇。比如,中国文学史开篇讲的就是作为中国文学源头的先秦《诗经》和《楚辞》,而西方文学的源头在古希腊神话和史诗,彼此是没有任何交集的。比较文学影响研究在这个时候就无法发挥作用,而让留学生直接接触《诗经》《楚辞》一定会产生隔膜,很难准确理解把握。此时在课程中引入平行研究的理念和思路就是最好的时机。教师可以引导国外留学生将"问题提到一定的范围里来",通过确立"诗歌"的标准在两者之间建立关系,再通过比较两者的相似和不同来获得对中国先秦诗歌文学的全新认识。当然,这里设想的只是一个比较粗浅的举例,落实到教学中必然还有许多细枝末节处需要花更多的心思来细化和完善,但其中的原理的确可以指导中国文学史留学生教学教案的宏观设计,并在具体实施中借鉴上文提到的"对话式教学法",进一步设

---

① 卢康华、孙景尧:《比较文学导论》,黑龙江人民出版社 1984 年版,第 173 页。
② 孙景尧:《简明比较文学》,中国青年出版社 2003 年版,第 140—141 页。

计成分专题讨论的研讨课。在本科层次，这样的中外文学比较的研讨课，目的不在于学术研究，而在于打破壁垒、开阔视野的文化交流和对话。这是我们所能想到的比较文学对国外留学生中国文学史教学的最宝贵的贡献，因引入比较文学而带来的"跨越"和"开放"，会使这样的课程既不同于以往的中国文学史教学，也不同于以往的外国文学史教学。

（三）比较文学译介学研究

发展到今天，随着中外文学文化交流的不断深入，在比较文学的分支学科中译介学研究逐渐成为最有活力的一个。"比较文学自诞生以来，其孜孜以求的一个主要研究对象就是不同民族、不同国家之间的文学交流、文学关系。而不同民族、不同国家之间的文学要发生关系——接受并产生影响，就必须打破相互之间的语言壁垒，其中翻译毫无疑问起着首屈一指的作用，翻译也因此成为比较文学学者最为关注的研究对象之一。"[①]从这个意义上说，译介学所讨论的领域是影响研究甚至是平行研究的基础。而在国外留学生的教育教学中，翻译文学虽然不能代替阅读欣赏中国文学作品的原作，依然是一个帮助留学生阅读理解中国文学作品的极其有效的媒介。这就如同中国学生要修习外国文学史课程，除了部分原著，必然要通过汉译本阅读世界各国各语种的文学作品一样。不过我们在中国文学史课程中引入比较文学译介学研究的理念和思路，其目的还不仅限于译本阅读。"译介学的研究不是一种语言研究，而是一种文学研究或者文化研究，它关心的不是语言层面上发出语与目的语之间如何转换的问题，它关心的是原文在这种外语和本族语转换过程中信息的失落、变形、增添、扩伸等问题，它关心的是翻译（主要是文学翻译）作为人类一种跨文化交流的实践活动所具有的独特价值和意义。"[②]译介学所揭示的中国文学作品外译中的这些层面，对中国文学史的留学生教学更有启发性。在教学中，一方面，基于译本与原著的相合，我们可以借用外译本帮助留学生理解中国文学作品；另一方面，基于译本对原著必然的"创造性叛逆"，引导留学生去关注中外在文学理解上深刻的语言差异和文

[①] 谢天振：《译介学》，上海外语教育出版社2003年版，第4页。
[②] 同上，第1页。

化差异。作为课堂教学拓展的一部分,还可以让留学生与中国学生相互配合,尝试中外文学作品语句片段的互译,从而在中外文学文化相遇的最前沿、最细节处体认中国文学的特质和文化内涵。

三、结　语

以上是引入比较文学研究的理念和思路,从内容到形式来调适国外留学生中国文学史教学的初步设想。在实践这些设想的同时,还需兼顾这门课程更为基础的两个方面:首先是中国文学史课程中所内含的历史维度。"中国文学史"指的是中国文学从先秦到近代的历史,共分三段。在这门课程中,我们把文学史事件(重要的作家、作品和重要的文学现象)作为讲授的核心内容。让国外留学生了解中国古代历史的进程和发展脉络,是他们理解中国文学的一个前提和基础,毕竟所有的文学史事件都是在历史中发生,历史是文学发展的时间脉络和重要载体。其次是中国文学史课程所内含的文学情感维度。即使我们倡导融入比较文学的各种理念,从根本上说仍然需要抓住中国文学史这门课程的"文学性质"。从先秦到近代,无论是诗词文赋还是小说戏曲,无不承载了中国作家的深厚情感。所谓"人同此心,心同此理",人类的情感是相通的,没有界限的。以情感为纽带,方能让国外留学生与中国古代的伟大文学产生真正的共鸣。

图书在版编目(CIP)数据

新文科背景下的语言文化研究和教育教学思考 / 夏甘霖主编;华莉,肖进副主编. — 上海:上海社会科学院出版社,2022

ISBN 978-7-5520-3739-5

Ⅰ.①新… Ⅱ.①夏… ②华… ③肖… Ⅲ.①语言教学—教育方法—教学研究 Ⅳ.①H09

中国版本图书馆 CIP 数据核字(2021)第 242310 号

新文科背景下的语言文化研究和教育教学思考

主　　编	夏甘霖
副 主 编	华　莉　肖　进
责任编辑	董汉玲
封面设计	裘幼华
出版发行	上海社会科学院出版社
	上海顺昌路 622 号　邮编 200025
	电话总机 021-63315947　销售热线 021-53063735
	http://www.sassp.cn　E-mail:sassp@sassp.cn
排　　版	南京展望文化发展有限公司
印　　刷	上海颛辉印刷厂有限公司
开　　本	720 毫米×1000 毫米　1/16
印　　张	14.25
插　　页	2
字　　数	233 千
版　　次	2022 年 11 月第 1 版　2022 年 11 月第 1 次印刷

ISBN 978-7-5520-3739-5/H・064　　　　定价:75.00 元

版权所有　翻印必究